人民文学出版社

青鸟

【日】重松清 著
叶蓉 译

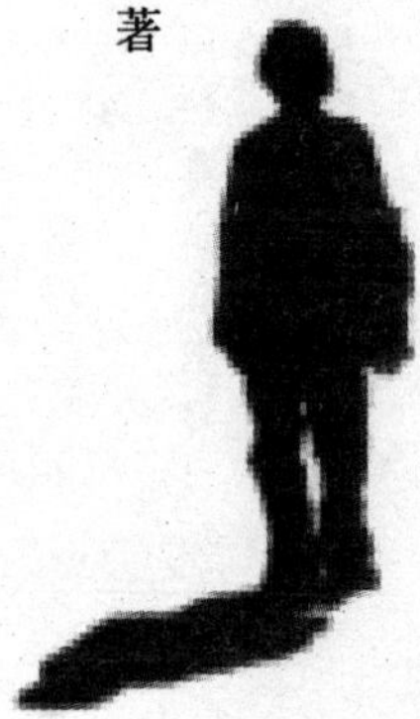

著作权合同登记号:图字 01-2011-7982

图书在版编目(CIP)数据

青鸟/(日)重松清著;叶蓉译. —北京:人民文学出版社,2012
ISBN 978-7-02-009409-7

Ⅰ.①青… Ⅱ.①重… ②叶… Ⅲ.①长篇小说-日本-现代 Ⅳ.①I313.45

中国版本图书馆 CIP 数据核字(2012)第 174174 号

责任编辑:陈　旻
特约策划:王铁华
封面设计:董红红

出版发行	人民文学出版社
社　　址	北京市朝内大街 166 号
邮政编码	100705
网　　址	http://www.rw-cn.com
印　　制	宁波大港印务有限公司
经　　销	全国新华书店等
字　　数	200 千字
开　　本	890×1240 毫米　1/32
印　　张	7.25
版　　次	2012 年 11 月北京第 1 版
印　　次	2012 年 11 月第 1 次印刷
书　　号	978-7-02-009409-7
定　　价	22.00 元

目录

小手绢

1

“我喜欢校服上衣和裙子上的口袋。”

“初中生活马上就要结束了,你喜欢城山中学的哪些方面?讨厌哪些方面?”

——在学生会发给三年级全体学生的调查问卷上,我写下了上面那句话。

调查问卷是无记名的。只需要在“男”或“女”上打个勾就可以交了。

所有学生的回答都印在了这一期的《学生会报》上,虽然字很小,但我觉得我写的那句话还是显得异常醒目。

我们班几个比较机灵的同学,一眼就看出来那句话是我写的。还有几个人故意看着我,不怀好意地窃笑着。

连我自己都不知道为什么我要写那句话。要是没写该多好啊。心里明明知道人家一看就能猜到是我写的,可在写的时候,手还是不听指挥,稀里糊涂地把那句话写了上去。

初中三年,一直都是这样。

小学时高度统一的我的心和身体,现在却一分为二了。

我的身体不听心的指挥。自己做的事情,却无法给出合理的解释。

所以,我的手总是揣在口袋里。口袋里有一块儿手绢。只要我的手攥住了这块小手绢,情绪就会变得平静下来。而如果手指不小心离开了手绢,我就会觉得自己的心也离开了身体。

我喜欢校服上的口袋。这是我的真心话。真的。如果没有口袋的话,我想,我一定无法坚持到初中毕业这一天。

我心不在焉地看着放在自己座位上的那份《学生会报》,突然觉得有人在背后轻轻拍了我一下。

还没等我把头抬起来,真澄美已经坐在了我对面的空位上。她指着《学生会报》说："口袋，写得不错嘛。"

我又把头垂了下去，脸上的表情却比刚才稍微缓和了一些。手自然地伸进裙子的口袋里，紧紧攥住了小手绢。真澄美看出了我的不安，噗哧笑了出来。

"其实，口袋真是个很重要的东西呢！就算是哆啦A梦，如果没有口袋的话，也只不过是一只普普通通的肥猫而已。"

真澄美的话特别多。说起话来像开机关枪，说起笑话来，也只能把自己逗笑，就像对着墙壁打网球一样——我一直这么想。可是，我只是想，却不说出来。难道有口袋的就是哆啦A梦！？真滑稽！要是我这么抢白她一句，她一定会咯咯咯地笑个不停吧。说不定还会夸我说话很幽默呢。我喜欢看她笑，更希望她能夸我。可是，我仍然沉默着。

并不是我不想说话，而是因为我无法说话。我想发出声音，可是，我的嘴巴却不会动。就算嘴巴动了，声带也不会动。就算声带动了，我还是说不出话。

我紧紧攥住了口袋里的小手绢。

"你知道哪句是我写的吗？我告诉你吧。在这儿，这句。"真澄美指着《学生会报》其中一段说。

"我讨厌大家装成乖乖仔的样子。"

"很尖锐吧？"

嗯，也许吧。

"其实我觉得挺意外的，本来以为大家都会跟我写的答案差不多，可结果只有我一个人这样写。"

这不正说明了大家都在"装乖乖仔"吗？

"现在什么都无所谓了，反正还有两个星期就毕业了。"

我要是跟真澄美写差不多内容的答案就好了……

由始至终，都是真澄美一个人在说话。无法开口说话的我，把自己想说的话，都通过手指和手心，渗进口袋里的那块小手绢里了。

"哎呀，差点儿忘跟你说了。村内老师让你到办公室去一趟。"

村内老师是第二学期来我们学校的，现在给我们教国语课。因为我们原来的班主任细野老师请了产假，他就接了我们这个班。

找我什么事？

真澄美看见我惊讶的表情，就接着说："具体我也不清楚，他说有话要跟你谈。"

要跟我谈什么？

"你去了不就知道了？"

真澄美虽然能看懂我的表情，却无法将我们的谈话进行下去。

没办法，只好去了。我从座位上站起来。真澄美转达完老师的话，也离开了我，加入到另外一群正在看漫画的女孩子当中去了。

我一个人走出教室，差点儿撞上迎面跑来的黑田君。我急忙停下，不由自主地往后退了一小步。"哎呀，对不起，对不起。"黑田君稍稍举了一下手，跟我道了个歉，跑开了。

又不是什么大不了的事，说什么对不起啊！

在走廊上跑来跑去，让别人怎么走路啊！

小心摔跤！

我也不好，没看见有人跑过来。

在我的脑子里，一时间浮现出好多话。可是，这些话都被小手绢悄无声息地吸了进去。被黑田君差点儿撞到时来不及发出的惊叫，和黑田君目光交汇时瞬间的心动，还有现在从心底里发出的对黑田君的呼唤，都悄无声息地渗进小手绢里了。

回过头去，已经看不到黑田君的身影。也许他进了教室吧。

我继续低着头，沿着走廊往前走。

难道有口袋的就是哆啦A梦!？——

回想起刚才的那句话，觉得一点儿也不好笑。

幸亏没说。对于我这些索然无味的话，小手绢既不会看不起我，也不会生我的气，更不会嘲笑我。小手绢真是世界上最好的听众。

我喜欢黑田君。

小手绢默默听着这句我对任何人都没有说过的话。三年来，一直都默默地听着。

一进办公室，就看见村内老师在接待区那儿冲我招手。他身材微微有些发福，头发稀疏，招手的样子也像个小老头。

我在他对面的沙发上坐下。他说："你的日记，我看了。"

不，准确地说，他并不是这么说的。

你、你的。

日、日记。

我、看、看了。

村内老师说话本来就不流利，一紧张就更结巴了。

特别是碰到以“ka”行的假名和“ta”行的假名开头的音节，还有以浊音开头的假名，更是一塌糊涂。所以，对那些姓以“ta”行假名开头的学生，他就只叫名字。而对那些名字以“ta”行假名开头的学生，他就只叫姓。可我的名字——千叶知子(tiba tomoko)无论姓还是名，都是以“ta”开头的，所以，无论是姓还是名，他都叫不好。

我仍然低着头，不作声。不出所料，果然是日记的事情。我不禁在心里叹了口气。我理解老师的难处，无论谁碰上这种事，都会为难的。可是，最为难的那个人，是我自己。

按规定，我们每个星期要交一次日记给班主任。而今天早上，正好轮到我们这组。

昨天的日记，我只写了一句话。

“毕业典礼那天，我要请假。”

老师一定是在早上没课的时候，或者午休的时候看了我的日记，所以才急急忙忙把我叫来的。

“你爸爸妈妈知道吗？”

我摇了摇头。我注意到老师今天结巴得特别厉害。你、你爸……爸爸，妈、妈……妈妈……也许是因为他太吃惊了吧。

我悄悄地把小手绢从裙子口袋里掏出来，压在屁股下面，紧紧地攥在手里。

我也是迫不得已啊。毕业典礼上，每个被叫到名字的毕业生都要答“到”，而且每个毕业生都要说一句“回忆初中生活”的台词，我办不到办不到办不到办不到……

真应该把这些都写在日记里。

当然，就算我没写得那么详细，老师也应该心里有数吧。只见他皱着眉，低声嘀咕着什么，不过却并没有说“不许请假”。

“如果不用说‘回忆初中生活’的台词，那你愿意参加吗？”

那也不行。就算不参加这个环节,可也得在班主任点名的时候答“到”啊。而且,他的声音和表情都让我觉得他并没有打算用这个方法来解决问题。

“……那如果也不点你的名呢?”

我又紧紧攥了一下小手绢,摇了摇头。那也不行。当然不行。我希望他点我的名,也希望自己能答“到”。可是,既然办不到,那还不如索性不参加。

老师沉默了一会儿,点了点头,嗯了一声。

我松了一口气,攥着小手绢的手也松开来了。

我并不讨厌村内老师。虽然在语文课上,他说话总是结结巴巴的,有时候根本不知道他在说什么。但是,每节课他都会把重点归纳好,印成讲义,发给我们。板书也写得特别工整,让我们好做笔记。

说实在的,我一点儿都不在乎他上课上得好不好,工作努力不努力。我最喜欢看他说话。虽然结结巴巴的,但他说话的时候那种认真劲儿,让我很佩服。

所以,你应该懂吧?——我真想跟他这么说。——你碰到“ka”和“ta”就结巴,所以你一定也不想参加毕业典礼吧。

不知不觉地,我的手又紧紧攥住了小手绢。

最后,村内老师既没说同意我不参加毕业典礼,也没说不同意。

“反正还有时间,你再好好想想吧。”

再怎么想,结果都是一样的。明天就要开始进行毕业典礼的排练了。而且,“回忆初中生活”的稿子也会在明天发下来。要是等安排好谁念哪一段以后才说不参加,那不是更给人家添麻烦嘛。所以我决定连排练也不参加。要么在图书室看看书,要么索性装病,到保健室去打个盹儿。再说毕业考和中考都结束了,就算明天开始不来学校,也没什么问题。

不过,村内老师微笑着对正要离开接待区的我叮咛了一句:“可不能不来上学哦。”

卑鄙。狡诈。在说刚才那句话的时候,他一点儿也没结巴。

我没点头,也没摇头。离开接待区的时候,我不想看他,也不想让他看见我的侧脸,所以我的目光就正好落在了挂在墙上的“工作安排表”上。

“工作安排表”的旁边,贴着由几张大纸拼接成的《城山中学 友情誓约》。

第一条　团结友爱，互相帮助，共同度过美好的初中生活。

第二条　和睦相处，不打架，不骂人，不欺负同学。

第三条　不嘲笑同学，不做伤害同学的事。

……

我猛地转过脸，使劲攥紧了口袋里的小手绢，逃一般离开了办公室。

2

“我回来了！”一进家门，我就能说话了。就像砰地打开了瓶塞似的，呼吸变得轻松起来，嘴巴也灵活了。兴致高的时候，我甚至能一个人说个不停，让妈妈听得筋疲力尽。

在家里，我很正常。在寒假补习班里，我也很正常。

只有在学校，或者和城山中学的同学在一起的时候，我才不会说话。

这种病好像叫——选择性缄默症，是一种在某些特定的社交场合，无法说话的病。

医生说，我的症状还不算严重。因为我无法说话的场合只有在学校，而我也不会在学校呆上一辈子。

马上就会好的。毕业以后，我可以不再来这个学校，也可以不再见这儿的同学。那我就能像小学时候那样，正常地说话了——应该如此。

“过来吃点心吧。”厨房里传来妈妈唱歌般的声音。

“马上就来。”我用同样的语调回答着，进了自己的房间。

我从校服的口袋里拿出今天陪伴我一天的小手绢，把它放在写字台上。

它已经被我捏得皱皱巴巴的了。我仔细地抚平那些褶皱，发现边沿上有些脱线。我一边用双手抚摸着它，一边默默地跟它说，还有最后两个星期，加油哦！

用来擦手的手绢，我每天都换。可是，攥在手心里的却非它不可——就是这块忘了在哪儿买的，白色的，便宜的小手绢。

它攥在手里的感觉和别的手绢不一样。质地、手感、柔韧性，对我来说都恰到好处。而其它的手绢，要么边缘处有讨厌的蕾丝，要么料子太光滑，攥不住。更别说那些毛巾或者是纱布做成的，不是太厚，就是太软，怎么攥都不得劲儿。我以前试过一次，结果弄得第二天自己肩膀酸痛。

我每天在洗澡的时候洗它。它已经经不起洗衣机的揉搓了。万一要是被洗衣机洗破了，不能用了，那我明天大概就真的不能去学校了。

吃过晚饭，我回到自己的房间，打开村内老师发还给我的日记本。

昨天的日记——毕业典礼我要请假。在这句话的下面，老师用红笔写了密密麻麻的批注。我懒得看，于是把目光移到前天的日记上。

前天我只写了一个字——困。老师的批注是：如果觉得困，不妨打开窗户透透气。咖啡喝得太多，对胃不好。

大前天的日记，我也只写了一个词——懒散。

老师的批注是：提不起干劲的时候，不妨双手相对，将左右手的大拇指、食指、中指……一一对应，来回旋转（可以改变方向），这样思想就能集中起来了。

村内老师，真是个认真的人。

并不是对我一个人，所有人的日记，哪怕是再无聊的日记，他都会仔细地写上批注。一个班级三十个人，从星期一到星期五，分成五个小组，每天收六个人的日记。用乘法乘一下就知道了——他每天要看四十二篇日记，写四十二份批注——写日记很累，看日记好像更累。

不过，对村内老师来说，这也许是一件非常开心的工作。说话会结巴，可是，写批注的时候，可以毫无障碍地把自己想说的话都写下来。

城山中学的每个学生，都必须把写下的日记交给老师看——当他知道我们学校的这条规矩时，一定很开心吧。不过，不知为什么，我总觉得他好像有点儿不喜欢批改我们的日记。

作为一个语文老师，你的字写得可真差劲。——在昨天他给我的批注下面，我写了这么一句话。

“最后的决定权在你手里。我只能说‘希望你参加’。和细野老师交接工作的时候，我听她说过你的情况，所以我也不想勉强你。可是，作为带了你半年的班主任，我很想让你在我的点名声中毕业。其实，从上个星期开始，我已经在练习点班里每个同学的名字了。到时候，我一定要流利地念出你的名字——千叶知子，也希望能听到你响亮的答'到'声！"

虽然老师这么说了，可是，我还是很为难。

跟在冬季补习班认识的朋友说了日记的事，"不会吧！"她惊讶地说，"干嘛非要把日记给老师看！?"

我完全同意。

"可是，全校上上下下，都很起劲呢！"——除此之外，我无话可说。

当我把《友情誓约》的事也跟她说了以后，她两根眉毛都快拧到一块了，说了句："你们学校可真烦人啊！"

就是！就是！！就是！！！我正想把在毕业典礼上，还要说"回忆初中生活"这件事告诉她，她却突然想通了似的，说："啊，你是城山中学的呀，那就难怪了。"

果然不出所料。

五年以前，我们学校发生了一件震惊日本的事，也使我们学校遭受了重创，现在还没完全复原。所以，在伤口结疤之前，每个人都必须小心翼翼的。日记也好，《友情誓约》也好，"回忆初中生活"也好，都是那件事留下的后遗症。

"那个教室，现在还用吗？"

"嗯……墙壁重新粉刷过了，现在还是美术教室。"

"当时，墙上都是血吧？"

"不知道……"

"是用雕刻刀，刷地割断了自己的喉咙吧。听说颈动脉要是被割断了，血就会像爆管的自来水一样喷出来，是不是？"

"我真的不知道。"

"你们学校没人议论这事吗？"

"没听老师们说过。"

五年前亲身经历过那件事的学生们，现在都已经毕业了。老师们对此也绝口不提，好像什么都没发生过似的。那个午休时在美术教室自杀的二年级的男生的存在，被这五年来结下的疮疤遮盖得严严实实的。

那个男生的名字叫川崎。听说他话很少，也没有好朋友，甚至连听到过他说话的同学都没有。

所以，没有一个人知道川崎君为什么要自杀。有的报道说，是因为受了同学的欺负；有的报道说，是因为升学的问题，他和爸爸吵了一架。可是，他的自杀没有任何前兆，也没有留下遗书，所以除了他自己以外，没有人知道真正的原因。

人们唯一可以想象的，是他用雕刻刀刺进喉咙的那一瞬间，那种痛苦一定比死还难受吧。

为了让学生和老师之间更好地沟通，学校开始要求老师批改学生的日记。

为了防止欺负同学的事件发生，学校订立了《友情誓约》。

除此之外，学校还采取了很多措施。比如：早上上学在校门口师生要互相打招呼，下午放学要互相说再见；跟家长不能说的烦恼，可以写在纸上，放进办公室门口的“心灵信箱”；成立“爸爸委员会”；每个月开一次心灵交流班会；每个学期末由学生会组织一次以“珍惜生命”为主题的演讲比赛，等等。

因此，五年前一团糟的学校，现在已经变成无欺辱行为，无辍学学生，无犯罪事件的好学校。校内学习气氛浓厚，全体师生积极进取，升学率明显提高，学校的棒球队和篮球队在全市比赛中还取得了不错的成绩。

而我，这个得了选择性缄默症的学生，好像是从疮痂下渗出的脓血，成为学校几年来的一个污点。

所以，在今天的日记里我写道：

“我想快点儿毕业。”

3

开始分配“初中生活的回忆”的台词了。

打破班级和性别的界限，一共九十二名毕业生，每人一句——毕业典礼那天，我们将坐在毕业生席上，大声背出自己的那句台词。

稿子是在放学前的班会上发下来的。一篇长长的文章，被分成了九十二句话，每句话的旁边，都像圣经一样，标上了号码。

至于谁念哪一句，是用抽签的方法来决定的。我抽到的是第四十八句，正好是初中生活的中间的那一段，内容是回忆我们初二那年秋天的义务劳动。

“十月二十日和二十一日，我们走上街头，参与各种义务劳动。在劳动中，同学们互相配合，互相帮助，使我感受到了集体的力量和温暖。”

这也是在川崎君自杀事件发生后，学校采取的措施之一。

我们班负责清扫学区内最大的一个公园。其实，我们几乎没有互相配合，好像也没有互相帮助。唯一留在记忆里的，就是不小心踩到了掉在地上的银杏果，鞋上那股臭臭的味道。

我前面的第四十七句，是回忆运动会。

“这是升入初中后的第二次运动会。我们一边给三年级加油，一边给一年级鼓劲，在万里晴空之下挥洒着青春的汗水。”

我后面的第四十九句，还是讲义务劳动的。

“虽然我们每一个人是渺小的，可是如果大家团结起来，一定能够使这个社会变得更和谐，更美好。”

在这句话的后面，有一个括号。括号里写着：集体鼓掌。

去年，也是在这个地方，我们鼓掌。

前年，还是同样的地方，我们鼓掌。

也就是说，每年用的稿子都是一样的——只是根据毕业生的人数，句子的划分略有不同。然后，再根据当年的天气，把“在万里晴空之下”，改成“冒着毛毛细雨”，或者“在凉爽的秋风中”。仅此而已。

班委委员土居君站在讲台上，说：“明天开始排练，前三天可以看稿子，第四天开始请大家尽量能背出自己的台词。”

几个男生大呼小叫：“啊！？”“我那句太长了！”“我背不下来！”“全都是假话空话。”——这句是黑田君说的。没错，一定是他。除了他以外，我们班里没一个人能满不在乎地说出这种话——我的声音悄无声息地渗进小手绢里了。

“大家也许对这篇稿子有不同意见。不过因为是义务教育嘛，所以还请大家多多理解，多多支持。”

土居君半开玩笑地说。全班哄堂大笑。站在教室门口的村内老师，双手抱在胸前，低着头，一直盯着脚上的凉鞋。

“接下来……”

土居君环顾了一下教室，一本正经地说：“原则上我们就按刚才抽签的结果定下来了。如果有哪位同学想换的话，请现在提出来。班会开完以后，我们班委还要开个会，可以作最后的调整。明天再提出，就来不及了。那现在开始，给大家一分钟时间考虑。”

教室里吵吵嚷嚷的。大家都在闲聊，根本没人真正在为说哪句台词而烦恼。因为大家都明白，无论哪一句都一样，反正那些话都不是发自内心的。除了我以外，所有人都认为说话是件理所当然、天经地义的事，根本没什么难易之分。

我觉得有很多目光都射向我，女生的比男生的多。有担心的，有不安的，有看热闹的，有冷淡的，有不怀好意的，有同情的，还有怀疑的……

同桌用胳膊肘碰碰我，暗示我别理他们。我紧紧攥住小手绢，眼睛死死地盯着课桌上淡淡的木纹。

“还剩三十秒。”

我要请假！一定要请假！！虽然还没跟爸爸妈妈说。实在不行，到那天就装肚子疼吧。

我背不出来。我办不到。肯定办不到。排练的时候，就算轮到我，我的声音也只会传给小手绢。到时候大家会怎么做呢？在我那儿中断，进行下一个环节？还是全体停下来，等着我背？又或者跳过第四十八句，从运动会直接到义务劳动的第二段？怎么偏偏是这句呢？我抽到的要是义务劳动的第二段就好了。因为就算跳过这句，也能跟第五十句的歌咏比赛连起来。

“还剩十五秒……十、九、八、七、六……”

我抬起头，正好迎面碰上村内老师的目光。当我发现老师也在看着我时，脑子里霎时变得一片空白。

“三、二、一……”

“零。”他说。几乎与此同时，我抽出一直揣在口袋里的右手，举了起来。土居君露出惊讶的表情。不过很快地，他脸上浮现出一种尴尬的微笑。

“好。只有千叶同学一个人提出要换……千叶同学，你真的想换吗？”

我点点头，放下右手，揣回口袋里。

那一瞬间——我觉得太阳穴上一阵冰凉。

小手绢不见了！

在我把右手抽出来的时候，小手绢被带出来，掉在地上了。

“那，千叶同学，你想换成哪一句？请告诉我你想换的那句的号码。”

哪句都不要。我一句都不想背。一句都背不出来。

我摇了摇低下的头。小手绢掉在我的脚边，只要蹲下，伸伸手，就能把它拣起来。可是，我的身体不能动。身体不听大脑的指挥。

“你先把号码告诉我吧。你想要哪一句？”

我的右手，还像平时一样，做出攥紧小手绢的动作。可是，手心里却空空的。

我的身体开始微微发抖，浑身发冷，可是脸上却烫得像要烧起来似的。

“这样吧，土居。”

是个男生的声音，好像是黑田君。

“让她把号码写在黑板上吧。这样能快点儿。看她的样子，也挺可怜的。”

果然是黑田君的声音。我不希望是他，可偏偏却是他。

我右手的拳头越握越紧，指甲深深地刺进了手掌。

“对吧？这个办法不错吧？”黑田君问其他同学。

多管闲事！我心里想。

“千叶同学，到前面来，写在黑板上吧。”

真澄美说：“短一点儿的，或者不那么引人注目的句子也不少。来，我帮你找找。喏，你看，第十五句，‘在第一个暑假里，我坚持学习和课外活动。’这句简单，怎么样？”

不行！肯定不行！口袋里，我下意识攥紧了右手的拳头。

教室里的景物变成了黑白的，男生女生的脸也变得模糊，我分不清他们谁是谁了。

“千叶同学，千叶同学！叫你呢！”“就是嘛，写在黑板上就行了啊。”“千叶，第十五句挺好的。”“是啊，我也想要第十五句。”“说什么呢！家原！你凑什么热闹啊。你又不是不会说话。”“能不能快点儿啊，大家都等着呢。”“不许这么说话！你这么说就违反了《友情誓言》第七条，尊重他人的行为。”“是啊，违反誓言了！”“写检讨！”“这些事情回头再讨论，千叶同学，来，写下来吧。”“千叶，第二十三句也挺短的。”“这跟长短没关系吧。”“对，对，我也觉得跟长短无关。”“鼓掌后面的那句好。”“是啊，容易蒙混过关。”“可是，那样就不自然了。”“咱们别只顾着自己说，听听她本人的意见吧。”“就是嘛，只顾着自己的话，被告了老师都不知道。”……

现在，我又明白了一件事。

口袋里的小手绢，并不只能把我的声音吸进去，还能把大家的声音也吸进去。

我的心和身体又分离了，越离越远，当我恢复意识的时候，我已经站在了黑板的前面。

“请假”。

我使劲用粉笔嘎巴嘎巴地大大地写下这两个字。可是却不知道，驱使我写下这两个字的，到底是我的身体，还是我的心。

我飞奔而出，差点儿撞倒站在门口的村内老师。我飞奔着穿过走廊，飞奔着上了楼梯，飞奔进美术教室。是什么驱使我这么做的？是身体，还是心？又是什么让我忘了拣回小手绢？是身体，还是心？

4

美术教室里空空荡荡的。教室后面架子上摆放着的石膏像迎接了我。其中一个石膏像低着头，而它旁边的那个侧着脸。它们像两个正在说悄悄话的孩子，一个在说，一个在听。

我也想让它们听听我的话。我觉得它们会听我说话的。

五年前，这些石膏像也是这样摆在架子上吧。川崎君在他生命的最后，有没有向这些石膏说出心底的秘密呢？

可是，这些不知道是希腊还是罗马的外国人，应该听不懂日语吧。

想到这儿，我不由得笑了出来。脸上的表情一缓和，右手松了劲儿，僵硬的拳头也松开了。

深深刺进的指甲离开了手掌。也许是一直被压迫的血管突然通畅了，大拇指根一阵发麻。

必须去教室拿回我的小手绢。我心里想着。大概因为整个身体松懈下来，人有点儿站不稳了。我一屁股坐在椅子上，呆呆地看着石膏像。夕阳透过窗户玻璃，照在石膏像的脸上。这才发现，美术课上觉得毫无表情的这些石膏像，其实是有表情的。

如果它们有表情，那也应该有心吧。如果有心的话，那他们的心是温暖的，还是冷漠的呢？眼睁睁地看着川崎君自杀，也许有的石膏像会因为自己的无能为力而感到悲哀，而有的石膏像会因为事不关己而冷眼旁观吧。我对着这些石膏像笑了笑，说，放心吧，我不会自杀的。如果现在我的手里有把雕刻刀，我会毫不犹豫地拿着它，冲进办公室，把它狠狠地扎在《友情誓约》上，然后撕碎那个该死的东西。

石膏像们，听我说吧。

刚刚入学的时候，我根本不需要小手绢。那时的我，有朝气、爱说话、对什么都满不在乎。上小学的时候，觉得就算跟小朋友吵架，把人家惹哭了，回头道个歉就没事了。

刚上初中那会儿，我也是这样。经常给同学起绰号啦，拿别人的短处逗笑啦，背后说人家的坏话什么的。

可是，城山中学一年级的学生，进学校后的第一件事就是要背熟《友情誓约》。每天早上和下午的班会上，大家都要高声朗读，还要抄在笔记本上，目的就是要把校长所说的"城山中学精神"灌输到每个学生的脑袋里。而我的所作所为，无疑与"城山中学精神"背道而驰。

在五月份的那次心灵交流班会上，老师让大家谈谈刚刚开始的初中生活。

那时，跟我最合不来的一个同学首先发言："我们班有人不遵守《友情誓约》。"接着，其他同学也像事先商量好的似的，一个接一个的发言："嗯，我也这么认为"、"希望她能反省自己的行为"、"她是在欺负弱小的同学"、"她应该在给大家道歉"。最后，所有同学都指着我，异口同声地说："违反《友情誓约》的那个人就是千叶同学！"

我没有欺负同学。我的行为也许的确有一点点超出了《友情誓约》。不过经过大家的提醒，我也知道自己错了。本以为跟他们说声"对不起，我以后改正"，一切就可以过去了。

可是，班主任却让我写检讨。我用作文纸写了一页交给她，她却说太短了，让我重写。我本来就不擅长写作文，除了那句"对不起"以外，我不知道还应该写些什么。

老师说，你要好好反省，自己的一句话会对别人造成多大的伤害。还说，言者无心，听者有意。就算是玩笑话，也要考虑别人的感受。

花了整整一个星期，我把自己好不容易拼凑出来的三页检讨交给了老师，才总算过关。不过她让我在下午的班会上，在大家面前念出来。而且，态度要诚恳，要把自己那种抱歉的心情表达出来，不然道歉就毫无意义。

我站在讲台上，开始念检讨。我听到自己的声音在发抖，手脚也在发抖，检讨书上的字渐渐地变得模糊了。老师让我好好念，可是，我要拼命忍着眼泪不让它流下来，根本没办法好好念。

最后，我的喉咙好像被什么东西卡住，声音变得断断续续的。

是因为伤心，还是悔恨，我自己也不知道。只是在心里大声呼喊着："不要！不要！！不要！！！"我感觉到念检讨书的我，和在心里大声呼喊的我，渐渐地分离了。不知道哪个我留下了，哪个我飞走了。只知道，那个爱说话的、好强的、小学六年级之前的我，枯萎了，消失了。

同学们，对不起。今后我要好好反省自己的错误，遵守《友情誓约》，请大家原谅——。

该念这句话时，我却念不出来了。无论是深呼吸也好，舔嘴唇也好，清嗓子也好，都无济于事。终于，我没有念出整个检讨中最关键的这句话，默默地低着头，回到自己的座位上。这时，不知是谁嘟哝了一句"还是没有道歉嘛"，而老师也狠狠地瞪着我。可是，我真的说不出话来了。坐在座位上，我垂着头，紧紧地攥住了口袋里的小手绢。就从那时开始，我依赖上了手绢。也就是从那天开始，在学校里，我变得无法开口说话了。

门开了。还没等我把头抬起来，村内老师已经走了进来。"果然被我猜中了。"他笑着说，"有同学说看见你往这边跑，我就想，说不定你……"

老师手里拿着我的小手绢。"你忘拿了。"说着，他把小手绢轻轻扔了过来。我用两只手接住，然后马上用右手攥紧了它。于是，就像组合家具拧上了最后一颗螺丝钉一样，我的身心在这一瞬间，终于合二为一。

我的书包……也忘在教室了。

这句话和平时一样，渗进小手绢里了。

老师一定会笑着打马虎眼说："啊，是吗。"以"a"行假名和"sa"行假名开头的词，他一般都不会结巴。所以，这句话，他肯定能说得很流利吧。其实，就算结巴，又怎么样呢？总比说不出来好。

记得小时候，看过妈妈的一本旧漫画书，上面说，把海螺贴在耳边，就能听到波浪的声音。现在，虽然我知道这是骗人的，可是，要是把小手绢贴在耳边，就能听见我说的话，那该多好啊。

老师在离我几步远的椅子上坐下，说："不知道他们把黑板擦了没有。"不知……知道、他、他……他们，把黑板、擦、擦……擦了没有——他好像比刚才平静一些了。

"其实，大家都挺宽容的。"

我攥紧了小手绢。

"可、可……可是，我也知道你的难处。"

是吧。老师您也是这么想的吧。小手绢真的跟我的手融为一体了，因为就算叠起来，它也服帖得像是长在了我的手上一样。

"这块手绢，有年头了吧。"

盯着女孩子的手绢看，这种行为算得上性骚扰吧。

"我特别爱啃指甲。不对，不是指甲，是指甲旁边的皮。软软的，而且就算啃掉了也不疼。"

特、特、特别。啃、啃、啃指甲。不……疼、不疼。“即使现在，偶尔还会啃。”——不用跟人说话的工作多的是，您干嘛偏要当老师呢？

“小时候，还经常啃出血来。”

小、小……小时候。啃、啃……啃出血。您从小就是这样吗？一直都结巴？有没有想过死呢？有没有讨厌去学校呢？

老师，您知道吗？

不光是我们班的同学，还有其他班的，专门造了个词——村内病。有的同学一着急，说话卡住了，别的同学就会取笑他说：“哎呀，你被传染上村内病了。”还有要去参加私立高中面试的同学，也会开玩笑说：“要是面试的时候，村内病发作了怎么办？”什么《友情誓约》，大家都只是说说而已。在日记后面写那么多批注的，只有村内老师您。细野老师的批注，从来都不超过三行。还有的老师，只在学生的日记后面“啪”地盖个印章，草草了事。

我不禁悲从中来。不是因为可怜老师，而是一种莫名的悲哀。那种感觉充满了全身，一直憋得紧紧的喉咙好像被什么东西撞开了似的——

“老师。”

我竟然发出声了。在听到自己的声音之前，我根本没意识到自己在说话。老师笑了。虽然微微有些吃惊，不过，他好像早就料到了似的，只是不停地点头。

“老师……为什么，您要当老师？”

没错，我一直都想问他这个问题。我想知道答案，我等不及交日记的那一天。有问题当然应该问，想知道答案，也只有问。如此简单的事，又是如此艰难。不过，现在，我办到了。

老师想了想，说：“有的学生，需要我这样的老师。因为有各种各样的学生，所以，也需要有各种各样的老师。”

“对吧？”他反问我。

我不知道。村内老师就是我需要的那种老师吧。可是，如果我现在说“我就需要您这样的老师”的话，我觉得，那就跟毕业典礼上的“回忆初中生活”一样了。

“老师，我们学校的事，您知道吗？川崎君自杀的那件事。”

“这个么……交接工作的时候，听细野老师说过。”

"您怎么想?"

老师又想了想,说:"那孩子,和我一样。"

"一样? 哪儿一样?"

"说话结巴,学名叫口吃。我算是比较严重的,可是,听说那孩子比我还严重。"

结、结……结巴。口、口……口吃。连自己背负的痛苦都不能流畅地表达出来。是这么回事啊——其实我还是不太明白"这么回事"到底是怎么回事,但在心里好像又觉得有点儿懂了。

我没见过川崎君。可是,我的眼前,却清晰地浮现出五年前孤零零地伫立在这儿的那个男孩子的身影。他永远停留在初中二年级。比我还小一岁。我想对他说,你一定很寂寞、很孤独吧。想说话,却说不出来的那种感觉,一定很难受吧。我理解你。没有说出口的话,是没有人能听到的。你一定很伤心吧。我有小手绢,可你没有。我现在能说话了,可你却只能永远地沉默着。这些石膏像在你生命的最后,有没有回答你呢? 它们有没有对你说,别死啊。

"老师……"

一激动,我的喉咙又哽咽了。我把目光转向石膏像,瞪着这些装模作样、毫无用处的家伙,继续说。

"老师,您有没有想过,要是您早点儿到我们学校来的话,川崎君也许就不会死了?"

川崎君需要村内老师。村内老师也许就是为了川崎君那样的学生而存在的。不,不是也许,是肯定。

可是,老师却微微侧了侧头,说:"我也不知道……"

"为什么?"

"我是很想见他的。"

"哦……"

"虽然没见上他,但还好,没有错过你。"

为什么——?

我的目光缓缓扫过排列在架子上的那些石膏像。在石膏像的尽头,坐着一直注视着我的村内老师。

“可是……川崎君的情况和您一样，我却跟你们不同……”

“不是这样的。”

老师好像觉得夕阳有些刺眼，于是把眼睛眯成一条缝。他笑了笑，不是对我，而是像叮嘱他自己一样，又说了一遍“不是这样的”。

我还是不太懂。他是我需要的老师吗？……好像并不完全是。不过，也许——遇见他，是我的幸运。

老师好像突然想起什么似的，站了起来。

“我，已经在练习点名了，来，咱们试一次。”

“啊？”

“来，来，快点儿。”

他一面打着手势，让我站起来，一面自己做好立正的姿势。没办法，我只好站起来，攥紧了口袋里的小手绢。

“好，开始了啊。”

老师先深呼吸了一下，然后用惊人的声音大声叫道：

“千、千……千叶、知、知……知子！”

还是不行嘛。我不由得笑了。

“咦？昨晚练的时候，挺好的呀……”老师懊恼地叹了口气说。不过他马上又振作起来，说：“正式表演的时候，一定没问题的。所以，你可千万别请假啊。”

我笑着，点了点头。

5

妈妈把我明天最后一次要穿的校服送去加急干洗了。自从我在学校不会说话以来，就和老师们关系弄得很僵的爸爸，也请了假，准备去参加我的毕业典礼。“只要结局好就一切都好。”他自言自语地说。

的确——只要结局好，就一切都好。我也这么想。

按照抽签所决定的那样，我还是念“回忆初中生活”的第四十八句。再怎么预先排练，始终冲淡不了整篇文章的虚伪和矫情。假如将来出现万分之一的奇迹，让我当了学校的老师，我绝不会让学生们做这种无聊的事情。

不过，我还真的回忆起了很多往事。记得打扫公园的时候，有一个把购物手推车当拐杖使的老奶奶，微笑地对我们说：“你们辛苦啦！”虽然第四十八句台词是虚伪的，可我相信当时老奶奶脸上的笑容是发自内心的。

最让我开心的事，就是随着排练次数的增多，我渐渐地能大声念出台词了。最初，我的声音又细又小，断断续续的。后来，我掌握了换气的方法，于是声音大得好像都能传到家长席了。昨天最后一次排练的时候，真澄美对我说：“你真了不起，已经跟别的同学一样了。”她话那么多，可是却一篇检讨也没写过，就能顺利毕业。这个世界也许就是这么不公平。

“你们别抱太大希望啊，说不定会失败的。”吃早饭的时候，我给爸妈打了预防针。我真的不知道正式表演的时候，自己能不能顺利地背出来。说不定一紧张，就说不出话了呢。不过，失败就失败，无所谓。反正那句台词也并不是我真心想说的话。

而真正想说的话，就一定要说。

如果真的想知道答案，那就一定得问。

这是村内老师教给我的。

排练点名的时候，村内老师还总是结巴。“千叶知子”还是一如既往地念不好，其他同学的名字，碰到“ka”行假名和“ta”行假名开头的，更是全军覆灭。在一生只有一次的初中毕业典礼上，如果老师连自己的名字都念不好，不但学生们觉得丢脸，家长们也感到很没面子。

大家的这种为难的样子和情绪，也传染给了老师。在村内老师点三年级一班同学姓名的时候，其他班的老师们，要么低着头，要么装作认真地掸去袖子上的粉笔灰，要么看着体育馆空无一人的舞台，大家都显得有些不知所措。

可是，村内老师不管结巴多少次，他还是一个名字一个名字地念下去。因为这是班主任的工作范畴，他不得不这么做——我并不这么认为。不管是点到谁，他都看着那个同学的脸，深吸一口气，挺起胸膛，磕磕绊绊地，大声念出那个同学名字——跟给我们批改日记一样认真。其他同学可能不明白——他并不是照着点名簿的顺序在点名，而是满怀深情地叫着我们每个人的名字。

自己最想叫的那个名字，一定要亲口叫出来。

最想对他说的那句话，无论有多困难，一定要亲口对他说出来。

所以，今天，在毕业典礼结束之后，我要叫出他的名字——黑田君。

我要对他说："黑田君，能和我一起拍张照吗？"

就算透不过气来也好，就算声音跑调也好，就算表情僵硬也好，今天，我无论如何都要对他说。

我从教室逃走那次，你说的那句话，让我很伤心——。

我要是能笑着轻轻瞪着他说出这句话就好了。

我小心翼翼地把熨烫过的小手绢放进口袋，攥在手心里，说了句："我上学去了。"就离开了家。

村内老师没来。

去体育馆集合之前，站在讲台上给我们开班会的，是本应在家休产假的细野老师。

"学期当中，我突然请了长假，给大家添麻烦了，很对不起。不过，在毕业之前，我想最后做一件班主任应该做的事情，因此向学校申请，允许我今天来上一天班。"

细野老师说的原因和同学们私下传的，并不一样。

听说不知哪个同学的家长，向校长提出抗议，说要是让村内老师在毕业典礼上点名的话，那整个学校都会丢脸。"村内真可怜"、"听说他练了很长时间了"、"但他确实有病嘛"、"村内病，没办法了"、"他肯定觉得不甘心吧"、"听说昨天校长找他谈的时候，他一下子就同意了"、"突然解脱了，他也一定觉得轻松了吧"、"这样也不错啊，也是为村内好"……

大家都显得很宽容。"城山中学精神"万岁！不过，今后的同学会，我是肯定不会去的。

那个向校长提出抗议的，到底是谁的家长，我不知道。这个社会本来就不公平，也不是所有的事都见得了光的。我讨厌这一切。

但是，我并不会变成川崎君那样。因为我幸运地遇见了村内老师。他也是这么说的。

对我来说最重要的、我希望叫出我名字的那个人——细野老师，对不起你了——现在，他正站在教室外面走廊上，微笑着看着我们。

毕业典礼顺利进行着。大家都被那个"回忆初中生活"搞得紧张兮兮的。在校长发言呀，来宾祝词的时候，不是叽叽咕咕地小声背自己的台词，就是偷偷看几眼稿子，检查自己有没有背错。只有我，跟大家不一样。

对我来说，颁发毕业证书的环节，就是今天的全部。听见叫到自己名字的时候，答"到"，然后站起来——对大家来说根本不需要紧张的事情，我却从刚才开始就紧张得心怦怦直跳。手紧紧地，紧紧地，攥着口袋里的小手绢。

细野老师站在了麦克风的前面。

"三年级一班，毕业人数三十人。新井义彦、安藤瞳、上野原和也、大野翔太、鹿岛美由纪……"

久违的细野老师悦耳的声音在体育馆里回荡着。上野原、和、和……和也。鹿、鹿……鹿岛美由纪。细野老师的点名声和之前的村内老师的完全不同。同学们答"到"的声音也比排练时响亮、有力。

"佐野英明、清水翠、园田健吾……"

马上就到我了。

我偷偷朝麦克风那边瞟了一眼。村内老师站在细野老师的身后，体会着和交往时间不长的学生们离别的滋味。哪怕不能亲自念大家的名字，只是听听也好吧。只见他站得笔直，眼睛盯着天花板。

"……千叶知子。"

我咬了咬嘴唇。"千叶，到你了。"旁边的寺山遥香碰碰我的胳膊。可是，我还是沉默着，闭着眼睛。

"……千叶、知子。"

细野老师又叫了一遍。我把小手绢攥得更紧了。

能答"到"吗——？

能。因为是自己想说的，所以可以。

周围开始有人议论起来。这时，我开口了："请村内老师点我的名字！"

我睁开眼睛，看着麦克风那边。"拜托您！细野老师，对不起！"我诚恳地又重复了一遍："对不起！"——没错，"对不起"这个词，就是应该这么说的——我想告诉一年级时候的我。

最初有些惊讶的细野老师，微微点了点头，笑了。"好，换人。"她说着，把麦克风前面的位置让给了村内老师。太好了！我终于表达出了自己的意思，说出了内心想说的话。

一直都很了解我的村内老师，也没想到事情会发展到这一步吧。哎、不好意思、对不起、实在对不起——村内老师慌忙站到了麦克风前。

不过，当我们的目光对视之后，他的表情像那天在美术教室时一样，眯着眼睛，慢慢地点了点头，深吸了一口气。

"……千、千……千叶、知、知……知子！"

"到！"

从排在我后面的寺山开始，又是细野老师点名了。

听着悦耳的点名声和答"到"声，我从口袋里掏出小手绢，轻轻按了按眼角。

用旧了的小手绢，第一次，渗进了话语以外的东西。

荷姆历鲁的独唱

1

当我回到久别的二年级三班的教室的时候，发现这里已经没有我的立足之地了。

座位还在。第二学期开学的时候，我的座位被换到了最后一排靠窗的地方。我想，这也许并不是抽签决定的，而是他们早就安排好的吧。

储物柜还在老地方。记得最后来学校的那天，我的储物柜里胡乱塞着运动服、球鞋和一些旧讲义。不过现在里面的运动服叠得整整齐齐，那双球鞋也用漂白剂刷得雪白。就连备用的雨伞——妈妈也为我准备好了。

我坐的地方，放东西的地方，和以前一样，都在。

可是，没有一个人来跟我说话。大家都装作没看见似的。偶尔有人偷偷朝我这边看一眼，可当我也看他时，那目光却又转向一边了。

我早就料到会是这种情况。这样也好。就在刚才，班委桥本好像是代表大家似的，来到我的座位旁边，说："义男，欢迎你回来。"可那口吻，根本不是来跟我打招呼，而只是把事先准备好的话背出来而已。我不知道该说什么，于是沉默地看着他的脸。他呆了一呆，脸上浮现出一个僵硬的笑容，转身一路小跑地回到了自己的座位上。还不如不理我呢——我心里想。"到现在他也没认识到自己的错误呢！"不知道谁说。"他改不好了。"另一个人说。"好恐怖哦！"又有人说。我全当没听见。无所谓。他们爱怎么说就怎么说吧。

我看着窗外。教学楼有三层，我们教室在二楼——放眼望去，我看到了操场、街道和天空。三个月没有看到的风景，除了天空从当时的梅雨连绵变成了现在的秋高气爽以外，一切都和当时一样。可是，我周围的世界却变了，以前的一切，都一去不复返了。在学校里，我失去了立足之地。

"刚开始可能不习惯，适应了就好了。"

早上出门的时候，妈妈说。在我离开家的这三个月，妈妈瘦了很多。回到东京的这三天来，爸爸几乎没跟我说过话。今天早上，从我起床到出门，他一直都在看报纸。

“你们的新老师也说，欢迎你回到学校。他虽然是个小老头，但看上去人挺好的，这回应该没问题了。”

看得出来，妈妈想尽了一切办法鼓励我，以至于她自己都没有注意到她在说“这回”的时候，语气有多重。我也假装没注意到。我不想再让妈妈难过了。

“新来的老师，叫什么名字？”

我一边在门口换鞋，一边问妈妈。“他姓村内，”妈妈回答着，有点儿犹豫地说：“好像挺特别的，跟别的老师不太一样。”

“什么地方不一样？”

“嗯……”

妈妈更犹豫了。最后，可能觉得迟早我都会知道的，于是说：“他说起话来不流利，好像有点儿结巴，有时候听不清楚他在说什么……不过，人挺好的，你应该能跟他合得来。”

最后的那句话，好像有种特别的意思。

当老师的，说话的时候竟然会结巴——我觉得有些不可思议——结巴怎么能当老师呢？不过，又觉得挺好玩的。

说话不流利，这点和我一样。不过，我不是结巴的问题，而是很多话都说不出来。我无法把自己想说的话告诉朋友或者大人们，他们也无法理解我。所以，妈妈刚才最后说的那句话，好像才是她最想说的。

总而言之，经过这三个月，我周围的一切都变了。

上课铃响了。村内老师走进了教室。我托着腮帮子，心不在焉地看着他。

我下意识地咬了咬嘴唇——看来，那件事是真的实实在在地发生了。

三个月以来，在内心深处，我多希望这是一场梦啊。回到学校，站在讲台上给我们开班会的仍然是真田老师，他会故意搞笑地大声喊着他的口头禅：“加油！冲啊！”不但他自己喊，还让全班同学都跟着他喊。每当这时，我总是沉默着，从来不出声。而他则会笑着冲我说：“喂！斋藤，你怎么无精打采的啊！？……”那种情景，要是能像电视里的小品那样重播，那该多好啊。虽然明知道这是不可能的，但在心里，我仍然这样期待着。

可是，现实是无情的。

现实，就摆在眼前。

站在讲台上的村内老师，比我预想的还要老一些。

而且，他结巴的程度，比我预想的要严重得多。

早、上、上……上好。现、现、现……现在，发……生、生……生活指导部的通、通……通知。

真是难以置信。漫画里出现的人，在着急的时候，经常会结结巴巴地说："什、什么！？"，而在实际生活中，这种人我还是第一次碰到。

可是，班里的同学好像都习惯了，既没人露出惊讶的表情，也没人听他说话。教室里还是乱哄哄的。

真田老师在的时候，可不是这样。他要求特别严格，上课决不允许有人说闲话，也不允许同学趴在桌子上。每天早上开班会的时候，每个人都必须挺胸抬头，安安静静地听他训话。可是我却做不到。要是挺起胸抬起头，我心里就会七上八下的没着落；而且，越是安静地听老师说话，就越是听不进去。对他那种故意搞笑的噱头，我也笑不出来。我觉得一点儿都不好笑。而且，他还特别擅长拿学生来开一些无聊的玩笑。我就经常被他开涮："斋藤，很棒！义男，了不起！"对这点我讨厌极了。可我要是不跟大家一起笑，他就会不满地说："斋藤，你可真深沉呐！"这让我厌恶得要死。

村内老师不开无聊的玩笑……他是不会开吧。别说开玩笑了，他连制止学生说闲话和提醒他们挺胸抬头的能力都没有。传达通知的时候，总是脸憋得通红，有时候还上气不接下气，光这个就够让他受的了。

该通知的事情好不容易说完了，他看了看我。于是，我们的视线对接在一起。"嗨"，明明是第一次见面，他却像见到久违的老朋友那样跟我打了个招呼。

"斋藤君(saitoukun)……"

发"sa"行假名的时候，他不结巴。可是接下来的"ka"却结巴得厉害。

回、回、回……回回回来了。

我听到零零散散地笑声从前几排传过来。可也仅此而已。大家还是继续在说闲话。他是七月份接手我们班的。现在第二学期才刚刚开始，同学们就已经不把他放在眼里了。

可是，他却好像一点儿也不介意——也许是已经放弃了吧——他仍然看着我，微笑着。好像是刚刚跑完百米冲刺似的，耸着肩、喘着气、开心地、像是见到了一个久违的老朋友，笑着。

我把托着腮帮子的手放下，看着窗外的天空，听着远处火车开过的轰鸣声。

世界没有变。真的，没有任何改变。

我仍旧是一个人。当时，也和现在一样，在这个班里没有立足之地。

的的确确发生改变的，只有一件事——那就是，真田老师从这个教室里消失了。

事情因我而起。

是我让真田老师从这个教室里消失的。

暑假结束之前，他一直都住在医院里。现在虽然出了院，但也还在家里休养。

在六月里的那一天，我用一把瑞士军刀刺进了他的后背。听说只要稍微往上或者往里偏一点儿，都会伤及肝肺，让他性命不保。

警察把案件移交给家庭裁判所，然后我被送进少年鉴别所，接受身心诊断鉴别。在那儿的四个星期里，他们给我做心理测试，让我写作文，还让我做手工贴画。根据鉴别的结果，家庭裁判所的法官认为我的行为还不至于恶劣到要被送到少管所，因此给我下了“保护管束处分”的判决，让我一边上学，一边改过自新。

“你这种情况，一般来说，就算被送进少管所之类的地方关起来都不奇怪。你能判得这么轻，多亏了你妈妈。”律师还告诉我，“而且真田老师也帮了你大忙。”

“保护管束处分”下来的时候，正好是在暑假开始之前。我父母跟负责监管我的人商量好，让我在第二学期开学之前到乡下去换换心情。于是，我去了妈妈在岛根县的娘家。

一个人独居在乡下的外婆，对学校里发生的“事件”一无所知。因为妈妈瞒着她。我也觉得去乡下比呆在这儿忍受周围人的指指点点好多了。再说，小学毕业之前的每个暑假，我都会到那儿去玩一段时间。而且，最重要的是，在那儿可以不用每天对着爸爸妈妈。

事情商定下来之后，监管人跟我说："去岛根之前，你去探望一次真田老师吧。"我沉默着点了点头，但没去。后来，监管人又说："到了那边，别忘了给真田老师写封信啊。"可是，我也没写。

我爸妈却几乎每天都到医院去。他们把银行里没到期的存款都取出来，支付了治疗费。还跪在地上，向老师的太太道歉。

听说，真田老师并没有生我的气。

"他也是一时冲动。通过这件事，他能认识到自己的错误，明白生命的可贵，就行了。"

从妈妈转达给我的话语中，我能想象出真田老师说这句话时的语气和表情。

"再说，作为班主任，我也有责任。特别是对于斋藤这样不怎么爱说话的孩子，关心得很不够。住院期间，我自己也应该好好反省。"

这段话是我在乡下时，妈妈打电话告诉我的。"太好了，太好了，"妈妈边哭边说，"幸亏老师年轻，宽容豁达，这件事才能处理得这么好。"

妈妈打来这个电话的时候，大概是在八月初。我默默地听着妈妈在电话里的唠叨，脑子里却想着别的事情。

已经三十二只了。

今天的目标是四十只。

"你最近身体怎么样？没给外婆惹麻烦吧？"妈妈还是带着哭腔问我。

"挺好的，没事儿。"我一边笑着回答，一边数着自己来乡下以后杀死的青蛙的数量。

2

回到学校已经好几天了，可是这里仍然没有我的立足之地。

没有必要的话，谁都不会来跟我说话。就算面对面走过，大家也都避免跟我的视线接触。因为，他们都怕我。所有的人都像躲瘟疫一样，对我避之唯恐不及。

其实，以前也是这样。虽然不像现在这么露骨，可我早就知道，他们都在背后叫我“讨厌鬼”。

不爱说话、不求上进、不会开玩笑、没有擅长的科目、也没有兴趣爱好。

那家伙活着有什么意思啊——

大家都这么想吧。

我也这么想。

洗完脸，照镜子的时候，我不止一次地对着镜子里的那个“卑鄙无耻的家伙”吐唾沫。

六月份发生的那个“事件”，是一个转折点。

从那时开始，我变成了一个真正卑鄙的家伙。从“卑鄙无耻”变成了“卑鄙可怕”——比一般的卑鄙更加卑鄙。

你为什么会那样做？——这个问题的答案我跟警察说过，跟律师也说过，在家庭裁判所说过，在少年鉴别所也说过。而且我说的全是真话。可是，同样的话说多了，渐渐的，连自己也分不出真假了。

爸爸去国外旅行的时候，买了一把折叠的瑞士军刀作为礼物送给我。五月中旬开始，我偷偷把它揣进校服的口袋，每天带着它上学。“为什么要带着它去学校？”他们问我。“不知道”——我能回答的只有这句话。可是，我并不是为了伤害哪个人才把它拿到学校去的。律师问我：“那是用来防身的？”“嗯……”我回答。的确，这好像是最接近的答案了。可又好像不是百分之百的正确。因此，在律师接着问“你觉得谁会伤害你呢？”的时候，我低着头，回答不出来。

“是不是随身带把刀，你就会觉得自己强大了？”——鉴别所的一个女老师这么问我。

也不是。虽然身边有把刀，的确会有变得强大的感觉。可是在我带着瑞士军刀上学的那半个月里，我一点儿也没这种感觉。

“那有没有觉得很自豪，或者很骄傲？”

我摇了摇头。

“那有没有觉得心情舒畅，或者心里踏实？”

我犹豫着，又摇了摇头。

老师沉默了一会儿，说：“那你能不能用自己的话说说看，当时是一种什么心情呢？说不好也没关系。”

我比老师沉默的时间更长。然后说：“不知道。”这么回答，并不是因为我想逃避或者隐瞒什么。我真的认真地想了，可是越想越乱，脑子里好像裂开了一个大洞似的，什么也想不出来。

老师的语气稍微缓和了一些，微微笑了笑，说：“那你带着刀走来走去，有没有觉得自己像个大人？”

我也笑了笑，回答：“也许吧……”我并没有撒谎。前面的那个问题，再前面的那个问题，我的回答都是“也许吧……”不过，后来想想，觉得好像真的有变强大的感觉。其实，对老师提的那些问题，要是像问卷调查表那样有“不确定”这个选项的话，我一定会选它。

“事件”也是这样。

那天，刚入梅不久，一早就开始下雨，天气十分闷热。但是，我并没有因此而情绪不好。

我虽然不喜欢接近精力充沛、开朗活跃的真田老师，但是，也并不讨厌他。

我知道他觉得消极沉默的我很难相处，但是，我也并没有因此而憎恨他。

我和父母之间没有问题。

和朋友也不吵架——其实，我根本没有一个关系好得可以吵架的朋友。

“这是个冲动型的孩子。中学生大都有控制不了自己情绪的时候。”——保护司的人不住地点头表示理解。

他说得也许没错。但是，到底是无法控制，还是根本没打算控制，我自己也不知道。

午休时间。因为下雨，操场没法用，所以大家都在教室里或者走廊上玩。其他班的老师，午休时间都在办公室。可是，真田老师却经常出现在教室里，和大家一起聊天。

那天也是这样。老师在走廊上被五六个女同学包围着,热烈地讨论着社团活动的事情。

“是不是女孩子们叽叽喳喳的声音,让你觉得刺耳?”保护司的人问。

“没有,完全没有。”我回答。

“那是不是老师只顾着跟别的同学说话,你有被冷落的感觉?”鉴别所的老师问。

“没有。”我回答。

“你是不是想跟他们一起聊天?”律师问。

“不是!”我一口否定。

一切纯属偶然——

坦白地说,这就是答案。可是,如果我这么说的话,他们一定会以为我中邪了,或者怀疑我得了精神病。

都不是。即使从背后捅了真田老师一刀是“纯属偶然”,可是,我以性命发誓,我绝对没有捅别人的想法。正如第一个发现“事件”的女同学森本向警察说的那样,当时,我脸色苍白,目光呆滞。可是,我很清醒。我本来是想去上厕所,于是从教室出来,在走廊上看见真田老师背对着我,在跟其他同学聊天。于是我一边走向他,一边从口袋里掏出了那把瑞士军刀。从刀鞘里把折叠的刀刃拔出来的时候,手指没抓牢,所以我站住了——要是谁朝我这边看一眼的话,一下子就能发现我手里的刀。连我自己都吓了一跳——所以,那时我很清醒。

可是,站在走廊上的同学们,没有一个人注意到我在干什么。甚至也许根本没人发现我在走廊上。

我右手拿着刀,慢慢走近真田老师。隔着老师的肩膀,我看见笑得前仰后合的森本。当我的脸快要碰到真田老师的脊背的时候,我弯起右手的胳膊肘,向后一拉,然后将整个身体扑在他身上,猛地把刀扎进了他的脊背。

直到现在,我还是能清晰地回忆起当时的情景。刀刃刺进老师背部时坚硬的触感、白衬衫上不断蔓延开的血迹、他拧着身体惊讶的表情、瘫软在走廊上的样子,以及森本同学的惨叫……一切都历历在目。这些记忆实在太鲜明了,以至于让我觉得仿佛是哪部电影的镜头在我脑子里进行了改编。

可是,这却是千真万确的。最有力的证据——在任何电影或者电视里都体会不到的证据——就是扑在老师身上，把刀刺进他后背的时候，我闻到的他身上的汗味。

我不是在梦中刺了老师一刀。所有的事都真真切切地发生了，无法挽救了。现在每天班会时间站在讲台上，说话结结巴巴的村内老师，就是最好的证明。

3

两个星期过去了。班级里仍旧没有我的立足之地。因为同学们跟我说话的机会比以前稍微多一些了，所以我注意到了一个现象。当轮到我做值日生负责给大家盛饭，或者是他们来向我收班费的时候，都不是一个人来，而是两三个人结伴来。他们会战战兢兢地看看我，迅速把事情办完，然后恨不得一路小跑逃得越远越好。

我并不难过，也不觉得气愤。在决定回这个学校上学的时候，我已经做好了充分的思想准备。

本来，妈妈想把我转到岛根县的中学去。爸爸虽然嘴上没说什么，但我觉得他好像也希望那样。

“就说你在学校里受同学欺负，呆不下去了。你外婆也不会怀疑的。”

妈妈八月份盂兰盆节回娘家探亲的时候，跟我两个人在番茄地里一边摘番茄一边说。

这个理由真不错——我想。

“其实也不算说谎。在学校里，你没有朋友，也没人理你，这不就是受欺负嘛！”

虽然事实并非完全如此，但我还是接受了这个不算谎言的谎言。在“事件”中，我是加害人，而说成“受欺负”的话，那我就是受害人。对在学校受人欺负的孙子，外婆一定会疼爱有加，而对一个制造“事件”的孙子，外婆会怎么样呢？

“那我开始给你办转学手续，从九月份开始，你就在这边上学吧。要是赶不上开学典礼，就在家多休息几天吧。”

妈妈一边说，一边用手驱赶着飞过来的苍蝇。“今年夏天好像苍蝇特别多，”她皱着眉说，“还有股臭味儿。”

我知道原因。

在妈妈身后的草丛里，有一只被砍成两半的青蛙的尸体。是三天前我扔在这儿的。苍蝇正是被这尸体吸引过来的。

这是第五十七只受害者。

杀死第一只青蛙，纯属偶然。

来岛根的第二天，我问外婆有没有什么事情可以让我帮忙做的。于是她给了我一把镰刀，让我到地里去割草。我想，外婆要是知道“事件”的话，一定不会给我这种东西的。

妈妈的娘家，周围都是农田，后山那边还有一条小河。所以夏天的夜晚，青蛙经常吵得我睡不着觉。要光是青蛙倒无所谓，还经常有蛇出没。外婆在递给我镰刀的时候，也特别嘱咐我，让我当心蝮蛇。

我开始割田埂上的草。准确地说，因为我太害怕蝮蛇，所以只是毫无目的地抓着镰刀乱割一气。

过了一会儿，我忽然觉得镰刀的刀刃沉沉的，好像割到了一个肥肥的，软软的东西。

我觉得奇怪，于是把镰刀从草丛里抽出来，看到月牙形的刀刃上，有一只青蛙。背后被镰刀砍中，前腿和后腿痛苦地抽搐着。我吓得使劲甩了一下镰刀，于是那只青蛙就“嘭”掉在了我面前的地上。它的背上流出鲜血和黏糊糊的白色体液，腿也渐渐不动弹了。

“对不起！”我脑子里首先想到的，是给这个倒霉的青蛙道歉。

可是，当我蹲下来仔细看着青蛙的尸体时，从内心深处听到一个微弱的声音在耳边响起：“继续！”不是我的声音。也不是我认识的人的声音。我分不出说话的人是男的还是女的，是大人还是小孩，只听到那个声音在不停地说：“继续，继续，继续！”

草丛中传来窸窸窣窣的声音。有一只小癞蛤蟆慢吞吞地出现在田埂上。

我摒住气,猛地举起镰刀,砍了下去。没砍到。癞蛤蟆吓了一跳,逃走了。可是,它并没能逃远。于是,我拔起插在地上的镰刀又砍了下去——这次砍中了。癞蛤蟆小小的身体被压扁了,肚子上的皮也被割破了,腥臭的体液飞溅得到处都是。

从那天开始,我开始疯狂地捕杀这种蛙类。

它们多的是。再怎么杀,也不觉得少。很快我就摸索出了从绿色的草丛中迅速发现青蛙和癞蛤蟆的诀窍。我发现它们通常早上的反应都比较慢,所以每天我都和下地干活的外婆一起,六点钟起床。

我也说不清为什么。并不是因为杀青蛙好玩,也不是为了一时痛快。我知道自己在干坏事。从一开始就知道。我每杀一只青蛙,都会跟它们道歉:对不起,对不起,对不起!但是,我停不下来。后来我发觉,在我杀第一只青蛙时听到的"继续"的那个声音,好像就是我自己的声音,不是从心里传出来的,而是自己的嘴巴里说出来的。——要是鬼神附体或者行为失控,那就是心理上的疾病了。可是,我不是。我知道自己在做什么,我能冷静地把青蛙的尸体藏起来,还能冷静地数清楚我每天杀死的青蛙的数量。

离开学还剩下几天的时候,妈妈打电话来了。

我以为是转学的事——但却不是。

"今天你外婆来信了。"

妈妈的声音听上去很沉重。

"义男,你外婆说你杀了很多青蛙?她怕得不得了,说不能再让你住在她家了……"

转学的事,也因此而流产。

我并不恨外婆。只是觉得我杀青蛙的事被外婆知道了,感到很没面子、很惭愧。

我不是心理变态。如果是那样的话,我也许会把杀死青蛙的镰刀举起来,对着外婆砍下去。

所以,我很正常。没有毛病,也没有变态。

我总共杀死了一百二十只青蛙。

可是，在回东京之前的那个夜晚，我仍旧听到了从农田里传来的接连不断的青蛙的聒噪声。虽然少了一百二十只，但是青蛙的世界却没有发生任何改变。

那天晚上，我把头蒙在被子里哭了。为了不吵醒来接我而睡在隔壁的妈妈，我极力咬紧牙关，低声痛哭起来。

4

"咕"，我听见了青蛙的叫声。

我是在去上体育课的时候，走过教学楼和体育馆之间的游廊上听到这个声音的。当时，我一个人走在最后，它好像是特地在等我似的——我发现这声音是从教学楼和体育馆之间的庭院里传来的。

只有一只。声音低沉嘶哑——应该是癞蛤蟆。

我停下脚步，等了一会儿，它又叫了。"咕噜"，没错，一定是癞蛤蟆。

庭院当中有个小池塘，水草茂盛，是生物部和园艺部为了再现大自然而共同建立的。我突然想起来，去年夏天，在这里的确听到过很多青蛙的叫声。

现在是九月底，离青蛙们冬眠还早。青蛙们还会在这儿叫上一段时间吧。

上课铃响了，没办法，我只好离开这儿了。跑了几步，我回过头看了看，心情变得很复杂——学校里有青蛙，我是该高兴呢，还是该难过呢……我甩甩头，猛地朝体育馆跑去。

那天午休的时候，我偷偷拿着午饭时吃剩下的面包，走出教室。在门口，差点儿和正要进教室的女同学赤泽撞上。"哎呀！"赤泽惊叫了一声，看到是我，表情一下子僵硬了，不由得往后退了好几步。她没有惨叫，大概是吓得连声音都发不出来了吧。

我已经习以为常。女同学们的反应向来如此。大家都不愿意正视我。反而，她们经常会时不时看看我裤子的右口袋，特别是我的手放在口袋里的时候。

口袋里什么都没有。可是，就算我告诉他们，他们的态度也不会改变。所以，我能做的只有注意让自己的手不要经常插在裤子口袋里。

庭院里没人。真幸运——我笑了。在学校里笑——就算在“事件”发生之前都很少。

我穿着学校的拖鞋，穿过游廊，来到了庭院里。沿着铺着圆木的小路一边走，一边把面包撕成小块撒在地上。这是想把癞蛤蟆引出来。我不知道它们会不会吃，可我希望它们能从草丛里蹦出来——我坐在池塘边的长椅上想。

大家都在操场上玩，教学楼成为天然的屏风，挡住了他们的喧闹声。因此，庭院里比想象的还要安静。时不时有水蝇飞过来，在深绿色的池水上空划着圈，几只小小的白色的蝴蝶绕着枯萎的向日葵不停地飞舞。

我靠在长椅的椅背上，出神地看着庭院里的风景，一阵睡意袭来，好惬意。

这是我回到学校以后，第一次感觉到自己有了容身之处。要是早点儿来就好了。早点儿、再早点儿、在“事件”发生之前就来这儿的话，说不定，我就不会把瑞士军刀带到学校来了。如果没有那把刀，我也不会对真田老师做那种事，如果不做那种事，我周围的环境就……

就算不会改变，也差不多吧。我叹了口气，闭上了眼睛。打个盹儿也好。或者就这么睡着，不再醒来，也挺好的——我心里想。

乡下外婆的脸浮现在黑暗中。我让她担心了，让她讨厌了。可是，总比让她觉得害怕好。爸爸对我已经不闻不问了，妈妈对我还是很好。如果人生中只能说一次“对不起”，我想把这个机会留给妈妈。可是，如果让我在父母中选择一个杀死，我可能也会哭着选择妈妈。怎么可能！为什么我会选妈妈！？我不知道。不知道……

眼眶一热，我不由得想哭。于是赶紧把眼睛睁开。

眼前，出现了一个人。

“斋藤君，你在睡午觉吗？”

村内老师沿着小路朝我这边走来。“你，不、不、不……不舒服吗？吓、吓、吓了我一跳。”老师笑着说。和第一次我们目光对视时一样，是看见久违的老朋友时的那种微笑。

我想站起来让他坐。他却摇了摇手，示意我不用站起来，然后在我旁边坐下。长椅比较短，我要是不并拢双腿、缩紧肩膀的话，就会碰到他的身体。我看了他一眼，只见他也像我一样，缩着身体坐着。干嘛非要跟我挤在一块儿呢，真蠢——我想。不过，这倒让我忘了刚才的悲伤。

老师也缩着身体，是有原因的——因为他两只手小心翼翼地捧着一些东西。

"这是斋藤君你刚才扔的吧……"

老师把手摊开，手掌里是一些面包屑。我没有回答。他在"喂"这个字上纠缠了好久，终于说出："喂、喂……喂鸟的吧。"我看他憋得面红耳赤，肩膀上下抖动得厉害。心想，既然说话这么艰难，那又何必说呢。

我觉得他挺可怜的，于是说："喂青蛙的。刚才我听到青蛙叫了。"

"可、可……可是，青、青……蛙，吃、吃……面包吗？"

"……我不知道。不过除了面包，我没别的东西可以喂它们了。"

"那种东西，只吃虫子吧。"

也许吧。

我点点头，觉得他很有趣。他并不是所有的字都结巴，也不是所有时候都结巴。比如，他现在就比站在讲台上的时候，稍微好一点点。

"斋藤君（saitokun）"——他说"sa"行假名的时候就OK。"你、你喜欢、青、青……青蛙（kaeru）？"——"ka"行好像结巴得比较厉害。

"不是。"

"但你喂东西给它们吃，说明你心地很善良啊。"

我才不善良呢。他不知道我曾经杀死过一百二十只青蛙。虽然他看我的目光像个老朋友，可我们俩单独说话，这还是第一次。

说不定——我想，说不定老师不知道六月份的"事件"。"老师希望你快点儿回学校呢"——这也许只是妈妈为了鼓励我而编出来的谎话。六月的"事件"只是登在报纸的都内版上，并没有闹到电视或者周刊上去。也许是学校和教委处理得妥当，也许是学生刺伤老师已经不算什么新闻。反正，虽然我周围的环境发生了巨大的变化，但是，外面的世界，在"事件"发生之前和之后，并没有什么改变。

老师往我这边看了一眼。他把面包屑一会儿放在右手上，一会儿又移到左手上。也许他觉得很难处理这些捡来的东西吧。真是个笨家伙。怎么也想不到他是个老师。最起码，能当老师的人，说话不应该结巴吧。也正因为这样，学生们都不把他放在眼里吧。也许他正后悔自己选了世界上最不适合自己的工作呢。真笨。笨得无可救药。

我看着水面上水蝇划的圈，说："老师，我的事，您知道吗？"

"嗯……"老师慢慢地说："嗯，听说了。"

"……校长，他是怎么说的？"

老师并没有回答我的问题。他把面包屑全放在右手的手掌上，然后扬起手，把它们全扔进了池塘里。转过身来，看着我，"不告诉你，"他笑着说，"要、要……要是有鲤鱼的话，它、它、它……们会吃的吧。"

"没有鲤鱼，听说这儿只有鳉鱼和桃花鱼。"

"是么？"

老师露出一副失望的神情。也许他也对自己的愚蠢感到无可奈何吧。不过，他还是笑着对我说：

"斋藤君，要、要……要是你喜欢青、青、青……蛙的话，我给你推荐一本书。学校的图、图、图……书室就有，你可以借、借、借……来看看。"

是一个叫草野心平的人写的诗集。

听说里面有很多关于青蛙的诗。

我对任何事都不感兴趣，所以冷淡地说："我既不喜欢青蛙，也不喜欢看书。"

可是，老师却点点头说"那也没关系"。——他不结巴的时候，声音有种穿透力，竟然传到了我的耳朵深处。

"斋藤君，那本诗集里有你。"

"啊！？"

"你也被写在诗里了。"

老师说着，从长椅上站起来，怔怔地看着漂浮在水面上的面包屑，喃喃地说："你会在书里遇见一只叫荷姆历鲁的青蛙。"我完全没听懂那个词，正想问，不料老师却转过身，背冲着我，扔下一句："这儿、不能穿、穿……拖鞋。"走远了。

5

草野心平，生于明治时代，死于昭和末年，是一位诗人。

正像村内老师说的那样，他写了很多关于青蛙的诗。而且，这些诗不是写人怎么看青蛙，而是写青蛙的世界，青蛙的内心。

最初，我觉得这本书很傻。可是，从图书室借回家以后，我躺在自己房间的床上看着看着，不由得被它吸引了。

有一只叫“格里马”的青蛙，一天，它被一个小孩子捉到，杀死了。它的好朋友“露丽达”——也许是女朋友吧，在死去的“格里马”嘴里插了一株紫罗兰，然后在水中一边游泳，一边哭泣。

一只幼蛙，被蛇吃掉了。在临死前，它说：“妈妈，永别了。”

美丽的“露露露”死的时候，一万只青蛙借着额头上萤火虫的微光，排成一排，为“露露露”送行。

诗里没有我。当然没有。在我一个夏天杀死的青蛙中，也许有还没长大的小青蛙，也有像“格里马”那样有女朋友的青蛙，还有像“露露露”那样美丽的青蛙吧。一只青蛙，非常感谢它去世的妻子，因为它的妻子在去世前，称赞它是一只很棒的青蛙。正是这句话给了它活下去的勇气——在那一百二十只里，也有这样的青蛙吧。活下来的青蛙们，再过几天，就该钻到土里去冬眠了吧。诗集里，还写了两只准备冬眠的青蛙的对话。一只青蛙说：“好难受啊。”另一只青蛙说：“我还不想死啊。”读着这两句话，我的脑子里不禁浮现出那些躲过我的镰刀、逃进草丛和田埂里去的青蛙们。那些铆足了劲儿，伸长了后腿跳走的牛蛙、那些扑通跳进泥水中无影无踪的田鸡、那些慢慢吞吞在石缝中钻来钻去的癞蛤蟆们，我仿佛听见它们在说：“我好难受啊，我不想死啊……”

等我回过神来，窗外的夕阳已经快要落下去了。我合上了诗集，打开枕边的台灯。房间里的景物一下子变得明亮起来，而我的视线却渐渐模糊了。

第二天午休的时候，我又来到庭院。坐在昨天坐过的长椅上，和昨天一样呆呆地看着池塘。“嗨”——村内老师走了过来。

我一点儿也不吃惊。我预感到他会来的——我想，他会为了我而来的。

等他坐在长椅上以后，我说：“草野心平的诗集，我看了。”

“是么？”老师高兴地笑了，“图、图、图……书室里有吧？”

“也看到了《荷姆历鲁》那首诗。”

“哦。”

老师也许事先到图书室去，确认了有草野心平的诗集以后，才向我推荐那本书的。

“我妈有没有跟您说过暑假发生的事？”

老师笑了笑，没有说话。

“我在乡下……杀了很多青蛙。我想，我妈一定把这件事告诉您了。”

老师笑着说：“你都这么大了，该用‘母亲’这个词了。我看，说‘我娘’也可以了。”我觉得他根本没有要回答我问题的意思，没办法，我只好把话题转回“荷姆历鲁”身上。

“荷姆历鲁”是一只白色的青蛙。因为它的颜色和别的青蛙不一样，所以最开始，别的青蛙们都当它是神。而当其他青蛙知道它并不是神的时候，就开始疏远它、排斥它。

和我一样。那个反复说着“我好孤独”的荷姆历鲁，就是我。被别人疏远，情愿“在土里融化、死去”的那只白色青蛙，伤心地连眼泪都流不出来了。我——就是它。

“《荷姆历鲁》那首诗，很不错吧？”老师说。他得意的样子，就像是夸耀一个和自己从小玩到大的朋友。

“不错是不错……”我苦笑着摇了摇头。“我觉得它很可怜。”——不开玩笑地说，我觉得，我也很可怜。

“都看完了吗？”

“嗯……”

结局就是，浑身无力的荷姆历鲁被人抓获，送到博物馆，浸泡在酒精里，成为了标本。浸泡它的酒精，是经过工作人员处理的绿色的液体——和其他青蛙的颜色一样。

"斋藤君，你觉得，这个结局好不好？"

不知道。也许做标本比融化在土里死去好吧。更也许，被浸泡在绿色的酒精里，身体也变成绿色的话，它会很高兴呢。可是，这好像也算不上是一个很好的结局吧。

我没有回答。但老师好像看出我的心思似的，说："你不知道吧。"

"老师您呢？"

"我也不理解。"

身为语文老师，他却反复地说着"不理解、不理解"，一点儿也不觉得难为情。

"您怎么可以不理解呢？"

"诗嘛，不理解很正常啊。所以，把诗歌、歌……出在考、考……考卷里，实在荒唐。"

老师说有些音的时候结巴，有些音不结巴。他好像最怕碰到带有"ka"行假名和"ga"行假名的字。而在教室里对大家讲话的时候，就结巴得更厉害了。

"老师……"

"嗯？"

"您为什么说话会结巴？"

我做好心理准备挨老师的骂了。可是，他却哈哈地笑了，说："这也是我不能理解的事情之一。我从小就这样。"

"……那没被同学欺负过吗？"

老师没直接回答我，却问："要是你的话，你会欺负我吗？"

我沉默着低下了头。我无法回答"不会的"。我可能会嘲笑他、讽刺他。如果他生气或者哭了，我会更觉得好玩……可是，我没有能跟我一起玩的朋友。

我低着头说："如果大家都欺负你的话，我也会跟他们一起欺负你。"

"你很坦白啊，很好，很好。"

"……对不起。"

"干嘛道歉呢？你刚才的意思不就是说，你一个人是不会欺负我的嘛。"

"可是，跟大家一起欺负你，也够坏的了吧……"

“跟大家一起欺负，嗯，是不好。可、可、可是，一个人就不欺负，总比一个人也欺负要好吧。我是这么想的。”

歪理。可是，我觉得这个歪理让我挺高兴的。

老师看看我的脸，说：“对吧？”然后活动活动身体，继续说：

“斋藤君，你总是独来独往啊。”

“嗯……”

“一个人，很孤单吧。”

游廊里，一群一年级的男生正在互相追逐。他们毫不在乎地从我们面前穿过。

“喂，”老师说，“我很喜欢草野心平的一首诗，特、特……特别是当中一段。”

“哪首诗？”

“你有空自己去找。有两段写得很好。”

老师站起来，做了几下深呼吸。

“这种时候，说、说……说话不流畅，真、痛、痛……痛苦啊。”

他苦笑着说。接着，在我还没准备好的时候，突然开始背诵起一段诗来。

每个人都很孤独。
每个人都朦胧地感觉到别人的孤独。
日子在昏睡中度过，这便是幸福。

背得结结巴巴的。“孤独”、“感觉”、“幸福”都说得结结巴巴的。

可是，当老师面对着我问：“是首好诗吧？”我使劲点了点头。

“好，我再来一首。开始了哦……”

他深深吸了一口气，闭上眼睛，大声背诵：

叽里呱啦　叽里呱啦　叽里呱啦　啦啦啦

是青蛙的叫声。诗的题目我忘了，不过在草野心平的诗集里，我的确看到过这么一首模仿青蛙叫声的作品。

真让人不可思议。“ga”行假名是老师最容易结巴的音，可他刚才却一点儿也没结巴。大概是因为他扯着喉咙，真的在学青蛙说话吧。

“我还是说青蛙的语言比较流利。”他有些懊恼地说。

“明天，真田老师就回来上班了。”

“……那您呢？”

“我要跟你们告别了。因为我只是临时代替真田老师的。”

“那以后也不来了？”

“嗯。”他相当无奈地笑了笑，问我，“寂寞吗？”

我点了点头。点了好多次。

于是，老师说：“说‘寂寞’这个词的时候，我就不结巴。但是，孤、孤……‘孤独’呀、痛、痛……‘痛苦’这几个词，我就说不好。”

“是么……”

“因为说不好，所以就不愿意说。”

“……老师，您现在，觉得寂寞吗？”

“当然寂寞啦。才刚刚认识你，没想到这么快就要说再见了。”

“……遗憾吗？”

老师摇了摇头。说：“虽然寂寞，但是很满足。我感到很开心，因为没有错过你。”

因为“满足(manzoku)”是以“ma”行假名开头的，所以老师没结巴。

老师说得流利的词——寂寞、满足。

说不好的词——孤独、痛苦。

“斋藤君，今后要是有更多开心的事，该多好啊。”

老师说着，有点儿难为情似的斜着身体走了两步，一边跟我挥手道别，一边补充道：

“叽里呱啦　叽里呱啦”——是青蛙的语言。

这也是村内老师跟我说的最后一句话。

6

中午时分，学校给妈妈打了个电话。

“听说没有留下后遗症，而且上个星期就开始锻炼肌肉，看上去精神很好呢！”

我想，也许没有人比妈妈更希望真田老师快点回到学校了。“事件”以来，很少说话的爸爸，也好像松了一口气，开始跟我谈论起足球和棒球。还说，这个周末要带我去开车兜风。

傍晚，妈妈给真田老师家打了电话。真田老师好像完全平静下来了，还说今后对我和别的同学会一视同仁，绝对不会区别对待。

“真田老师说了，初中二年级的孩子，是最不稳定的。身体已经发育成大人了，但是心智还不成熟，所以就算做出什么傻事也不奇怪。问题是怎么去对待它。从这个角度来说，对你未必是件坏事。”

老师说得没错。我还不成熟，不理智，还有很多事都不懂，所以才会整天闷闷不乐吧。可是，还要过多久，我才能变得成熟理智呢……我长大以后，会成为一个什么样的人呢。

“不管怎么说，事情总算告一段落了。”

爸爸抿了一口啤酒，一边点头一边说。

“义男，明天见了老师一定要主动打招呼哦！”

妈妈又恢复了她啰嗦的本性。

她看我沉默地低着头，继续说：“不是让你跟老师道歉，你只要跟他说声‘早上好’就行了。”我还是低着头不说话。妈妈只好叹了口气说：“要是实在不行，你就给他鞠个躬吧。”

村内老师最后背的那两段诗，一段是出自《哥比拉弗的独白》，另一段是出自《诞生祭》。

我想，也许这两段都不是老师最喜欢的，可他觉得适合我，所以才特地找来的——现在已经无法去问他了。那天在放学前的班会上，他宣布："明天开始，真田老师就回来上班了。"那一瞬间，教室里欢声雀跃。因此，我根本听不清楚他最后的告别语。也许，他是故意趁大家喧闹的时候说的吧——这点也已经无法确认了。

"叽里呱啦　叽里呱啦　叽里呱啦　啦啦啦"

我反复读着这句诗。《诞生祭》里，还有很多青蛙的语言。

"唧唧、唧咕、唧咕、噗、噗、噗""唧唧咕、呱呱、呱呱、咕噜""咕噜噜、咕噜噜""呱啦啦、呱啦啦"……。

和村内老师一样，我也能流利地说青蛙的语言。

"噗咕、噗咕、呱呱""呱、呱、咕噜、噗噗噗""叽里呱啦、叽里呱啦、叽里呱啦、啦啦啦"……。

真羡慕那些青蛙。它们可以冬眠。睡啊睡啊，睡到春天，一觉醒来，不成熟、不安定的日子就结束了——每当"荷姆历鲁"从冬眠中苏醒过来的时候，它一定很期待自己的颜色能变得跟其他青蛙一样吧。

第二天一早，真田老师在同学们的掌声中、欢笑声中、口哨声中走进初二(三)班的教室。我也拍手了，不过声音很小，连我自己都听不见。大家都时不时朝我这边看看。我觉得他们好像在说："你最应该好好拍手哦！"又觉得他们是在说："你有什么资格拍手呢！"

真田老师站在讲台上，双手向下压了压，示意大家停下来。他愉快地环视了一下教室，和我的目光不期而遇。老师笑着点头说："嗯，好！不错！"

我还没有去跟老师打招呼。本来打算上课之前去办公室的，不过，我没有勇气从座位上站起来。

只要说"早上好"就行。或者只要鞠个躬也行。不过，我更想——

"同学们，冲啊！"

当真田老师喊出他的口头禅时，教室里又一次沸腾了，大家拼命地鼓起掌来。

我笑不出来。我一点儿也不觉得好笑。和“事件”发生前一样。我永远也成为不了老师喜欢的那种积极上进、开朗活跃的学生。不是因为我还不成熟,也不是因为我还不理智,而是因为——我就是我。

可是,老师应该知道,我并不讨厌他。我希望他能知道。“没关系,你的心情我理解。”——老师会笑着这么跟我说吧。我希望他能像村内老师那样理解我。

真田老师开完班会,就走出了教室。因为好久没见,几个同学想跟他聊天,所以跑到走廊上叫住了他。

我也从座位上站起来了。从后门走出教室。老师在走廊上,被同学们围着,背冲着我,跟他们聊天——和六月份的那天一样。

每个人都很孤独——

村内老师总是把“孤独”说成“孤、孤、孤……独”,像说青蛙的语言那样。“荷姆历鲁”一定不知道,绿色的青蛙也是孤独的。

几个同学看见我,不由得露出惊恐的表情,急忙给真田老师使眼色。

每个人都很孤独——

真田老师转过身,做出一副惊讶的表情,笑着问我:“有事吗?”

我停下来,像昨天村内老师那样,深深地吸了一口气。

叽里呱啦　叽里呱啦　叽里呱啦　啦啦啦

“老师,对不起!”

我深深向老师鞠了一躬,说。

抬起头,我回到了教室。——终于说出来了。虽然声音很小,我不知道老师听见了没有。不过,我说了。我真切地听见了自己的声音。这就够了。

回到座位上,我一边解开衬衫的领子,让凉爽的风吹进来,一边看着窗外。

曾经无法挽救的我的世界,这时的天空却变得像小时候一样蓝,一样宽广。

护身符

1

穿着睡衣的清水有些吃惊地看着走进病房的我。

她的气色看上去比我想象的好。虽然她右腿上打着石膏，站起来的时候好像有些痛苦，而且也一直皱着眉头，“哎哟、哎哟”地喊疼，不过当她坐在床沿上把右腿伸直放在折叠椅上以后，她喘了口气，说了声“真倒霉”，笑了。

的确很倒霉。前天晚上，清水骑自行车从补习班回家的时候，遇到了交通事故。在十字路口，她和另外一辆自行车相撞，摔倒后导致右腿小腿骨折。本来在期中考试的时候遇到这种事已经够倒霉的了，而更倒霉的是，那个人撞了她之后，竟然不顾而去。

“很疼吧？”

“嗯……还行。这个，你带来给我吃的？”

“是啊，‘爱诺奇卡’的摩卡泡芙。”

“好棒！”清水不禁欢呼了一声，打开放在膝盖上的泡芙盒子。这种咖啡风味的泡芙，是车站附近的“爱诺奇卡”西饼店最出名的东西，每天限量供应。要是放学后再去买的话，肯定早就卖光了。今天因为期中考试，中午就放学了，所以才能买到。被称为“三中甜品女王”的清水对这一点，一定非常清楚。

“你买这么贵的甜品给我，好像，不太好意思。”

“那有什么，别客气了！”

“其实，最该带礼物来看我的，应该是那个犯人！这样才合情合理嘛！”清水张大嘴，塞了一个泡芙进去，继续说：“好像还没抓到他。”

“撞你的那个人？”

“犯人。”

清水斩钉截铁地纠正了我的用词。

“警察说，抓骑自行车的犯人，比抓开车的还要难。要是让他逃走了，真的很难再抓回来了。”

“你看清楚他长什么样子了吗？”

“你说那个犯人？看见了。不过就看见了一眼，只知道他是个中年男子。莫明其妙碰上这种倒霉事，真是活见鬼。”

“什么时候能出院？”

“要下个星期了吧。虽然还要用一段时间拐杖，但我想出院后马上就能回学校上学。”

“可是……”清水叹了口气继续说：“到了学校，还得补考。说不定补考的考卷更难呢。分数低了，名次也会下降，弄不好还会影响到升学评分。还有篮球部的活动，好不容易等三年级同学退役了，我才当上主力，现在又不能参加训练了，说不定这个主力的位子马上就会被别的同学抢走。再也许，会留下后遗症，以后连篮球也打不成了……”

发了一通牢骚以后，她总结似的说：“我一定要让那个犯人对自己的行为负责任！”

我沉默着点了点头。

“说真的，我的人生说不定就这么被改变了。要是因为这件事，弄得我考不上好的高中，而只能进一个三流学校的话，那将来我就什么前途都没了！我一定会找那个犯人拼命！”

虽然现在只是初二的秋天，说升学考的事还太早，但她想说的意思我都能理解。不过，我不太能接受她的措辞——每当听到她尖锐锋利的措辞时，我的心都像被针刺到一样。

“杏子，难道你就不生气吗？”清水冷不防问我。

“你看，那个犯人现在好好的，像什么事都没发生过一样。而我呢，骨折了，住在医院里，疼得要命。你不觉得太不公平了吗？”

我的心好像又被针扎了一下。“嘶”地一声，深深地扎了进去。

真不应该来——我想。虽然我们都是篮球部的，但并不在一个班。我们的关系也没好到要在考试期间特地来医院探望的程度。其实，等考试结束，和大家一起在便利店买几样小零食来看看她就行了。

只因为是交通事故——

在学校听说她遇到交通事故的时候，我不禁浑身打了个寒颤，连膝盖都发抖了。希望她没事，千万不要有事——我在心里不停地祷告着。

“我绝对不会原谅那个犯人的。我爸妈也气得要命！”

清水说。她见我只低着头不吭声，便笑着说：“杏子，你别那么垂头丧气的啊，我又不是说你。”

“就是嘛。”我把头抬起来，也对清水笑了笑。但是我不知道自己的笑容是不是很自然。

“摩卡泡芙，你也来一个吧？”

我笑着摇了摇头。我不太喜欢泡芙。只因为清水是甜品女王，我才买的。可是，也许我根本没必要特地跑到车站那么远的地方去买。因为，我现在才觉得——我并不是很喜欢清水。

没什么话题了，清水也吃完了第二只泡芙。我们沉默的时间比说话的时间还多。

嗯……接下来说点儿什么好呢。我察觉到清水正在寻找话题，怕她再把话题扯到交通事故上，因此拿起放在地上的书包说：“我该走了。”

“噢，是么。”清水轻轻点点头。突然，她看着我的书包，露出惊讶的神情说：“咦？你的护身符怎么这么新？”

我的书包上挂着一个护身符。那是上个星期爸爸刚给我的。是他去外地出差，带给我的礼物——他喜欢去参拜历史悠久的神社或者寺庙。算是爱好吧，也许是习惯……我也不知道该怎么说。

“保佑你考试的？”

“不是，是保佑交通安全的。”

“怎么还把你当小学生啊？”

清水有些不解。不过，她还是笑着说：“我说了你可别生气啊，那东西其实根本没用的。我也在书包里放了一个，可还不是一样碰上交通事故了！？”

“你也带护身符？”

“是啊。五月份我们去镰仓参加社会实践的时候，我在那儿的神社买的。结果一点儿都没用。真气人。你可别指望它能保佑你。”

我根本没指望过它。我带着它，只因为它是爸爸送给我的，和那种“顺便买的”礼物不一样，它包含着爸爸内心沉重的、深切的、痛楚的悲哀。

“从这件事上我可算是明白了一个道理，自己的命只有靠自己来保护。要是摔得不巧，说不定连命都没了。”

“嗯……”

“要真是那样，那个犯人，就变成杀人凶手了。”

我要回家。现在就走！立刻！！马上！！！我从椅子上站起来，表情僵硬地说了声“再见”，看也没看一脸讶异的清水，冲向门口。就在这时，门被人从外面打开了。

站在门口的是一个穿着西装但是没打领带的小老头。他的手放在门把上，探头探脑地往病房里张望。好像在哪儿见过——我看着清水慌慌张张地把被子往身上拉，想遮住胸口，于是，我想起来了。

他是清水的班主任村内老师。六月份，他们原来的班主任长谷川老师请了长期病假，所以从九月份开始，由村内老师来接替他的工作。

村内老师看见我，笑着跟我打了个招呼。我从来没跟他说过话。估计他也不认识我，只是从校服上知道我是三中的学生。

我对他点点头，就准备往外走。这时，清水突然叫住我：“杏子，你先别走。我还想问你篮球部的事呢。”

没办法，我只好又坐下了。清水一边“哎哟、哎哟”地夸张地叫着，一边努力地想把搁在椅子上的右腿挪回到床上。

“行了，行了，别动。”——村内老师一边做着手势，一边把一个西饼店的纸袋放在床头柜上。那是位于商店街的一家名叫“缇奥派派”西饼店的纸袋。清水稍微皱了皱眉，跟我交换了一下眼神，我自然心领神会——那家店的东西又贵又不好吃。在甜品女王清水的评分表上是三个“×”，评语也相当犀利：专骗讨女儿开心的老爸们的西饼店。

“还有这个……”

老师把早上班会时所发的资料放在文件夹里带来了。真想不到，这个小老头表面上呆头呆脑的，做起事情来倒很仔细。

“还有就是，来探望你。”

老师笑着说。也许他想开个玩笑的。不过，一点儿都不好笑。清水也简短地说了句“谢谢”，接过了那个文件夹。然后她又接着说：“对不起，我妈妈因为今天要上班，所以不在。回头我会告诉她您来看过我了。”

清水的态度非常冷淡。但她的心情我能理解。我真想跟老师说：一个中年男子，即使是班主任，单独来探望穿着睡衣的女学生，也不太妥当吧。

结果，老师连坐也没坐就走了。只是轻描淡写地问候了几句“现在感觉怎么样？”、“什么时候能出院？”仅此而已——先不说这几句话的内容怎么样，光是他的声音，就让我的耳朵非常不舒服。

感、感、感……感觉，怎、怎、怎……么样？什、什、什么时候，出院？

老师说话结结巴巴的，好像是口吃。特别是发“ka”和“ta”行假名的时候。我经常听到从清水他们班的教室里传来笑声，想必是在笑老师说话结巴吧。

要是人多的话，大家就能一起笑了。可是，在这么小的病房里，这么少的人，就不能笑了。而且鼓励和安慰也都让人觉得怪怪的，真有点儿无所适从。

所以，当老师走了以后，我们一脸疲倦地笑了起来。

老师也很累吧？面红耳赤地、拼命地说话——他一定也够累的吧。

听说他昨天也带资料来了。还带来了车站里一个叫“芳泉堂”甜品店的水果果冻——那家店被清水评为两个“×”——他们店的东西，给人一种敷衍了事的感觉。

“从礼物上就能看出送礼人的品位和心意。”

从这个意义上说，村内老师是彻底失败了。昨天的礼物缺乏心意，而今天的又没有品位。这个甜品女王，真是又苛刻、又任性。

相比之下，我的礼物是既有品位，又有心意。

“真没想到杏子你会买摩卡泡芙来看我。我还以为不到考试结束，是不会有人来看我的。你真让我感动。”

清水假装感动得哭起来。我也哈哈地笑了。

“说真的，要是世界上的人都像你一样就好了。都怪那个犯人，我现在变得不相信人，特别是不相信中年男人了。而且，说不定因为这次事故，以后再也不敢骑自行车了。真的，我是绝对不会原谅他的！”

她又绕回到那个话题上了。

2

昨天晚上，爸爸下班回家已经很晚了。他一个人一边吃晚饭，一边对妈妈说：“下下个星期天我去一趟。”虽然他没具体说去哪儿，可是妈妈、在客厅里看电视的哥哥和我，心里都很清楚。

十月份是我们家一年中气氛最压抑的一个月。和悲伤、痛苦相比，我想用“压抑”这个词最能表达那种感觉。

“你下个星期五或者星期六，到百货公司去买点高级的糕点回来。”

妈妈说了个老字号日式糕点店的名字。爸爸点点头：“嗯，那家的糕点不错。他们是农村人，你挑盒子大的买。”说完他笑了笑，好像是想调节一下家里的气氛，所以才故意用了那种挖苦人的字眼。我们都理解爸爸的心情，于是妈妈也无奈地对爸爸笑了笑，我假装看电视没听见，哥哥则一直板着脸。

“去了也是白去。”

哥哥没好气儿地说。妈妈急忙给他使眼色，可他却装没看见，继续说：“就算去了，人家也只会请你吃闭门羹。”

去年、前年、再前面几年，年年如此。爸爸每年十月都会提着礼物去山梨县，而每次都原封不动地——垂头丧气地再提回来。小学三年级之前，爸爸跟我说：“杏子，你吃了吧。”于是，我就很听话地把它们吃光。可是，从四年级开始，我就不吃了。妈妈和哥哥好像从来都没吃过。

“我看就别去了，”哥哥朝着爸爸说，“为什么非要把事情做到那一步！？真搞不懂你怎么想的。”

爸爸不说话，继续吃饭。

“我知道,让你忘了那件事是不可能的。但是你想做到什么时候?难道一辈子都这么下去?”

爸爸沉默着,轻轻点了点头。

哥哥赌气似的躺在沙发上,对着天花板恨恨地说:“那这个包袱你就一个人背着,别牵连到别人。”

从放暑假前开始,哥哥就经常顶撞爸爸。因为哥哥考取了第一志愿的大学,兴冲冲地跟爸爸说想去考驾照,没想到却被爸爸一口拒绝了。

爸爸说,大学毕业前不许学开车。还说,就算大学毕业了最好也别开。

等我到了十八岁,爸爸也会这么说吧。而且,如果我也像哥哥那样缠着爸爸非要让他答应的话,他一定会红着眼圈含泪对我说:

我是不想让你步我的后尘——

他对哥哥说这句话的时候,哥哥好像比他还激动,强忍着眼泪说:“这根本是完全不相干的两码事!”

我会是什么反应呢?——也许只是低着头不说话吧。

躺在床上,我开始在心里默默地对清水说在病房里没说出口的话。

——你错了。你用的那个词不对。在交通事故中没有“犯人”,最多只能说是“加害人”。

“那有什么区别!?那些酒后驾车、撞了人之后不顾而去的家伙不是犯人是什么!?”清水,你一定会这么反驳我吧。

你的心情我完全理解。虽然在我面前你努力装作若无其事的样子,但其实你骨折的地方一定很疼吧。你一定很担心期中考试、篮球部的活动,更担心自己会不会留下后遗症吧。这些我都理解。还有,对毫发无损却扬长而去的那个人,你一定气得咬牙切齿吧。这种心情,我真的真的很理解。

但是,我还是希望你别再把那个撞倒你的人叫作“犯人”。拜托你,别再用那个词了。

十月初在篮球部的“新人大会”比赛中,我爸妈明知道我是候补队员,肯定上不了场,但还是来到市民体育馆给我加油。还记得吗?你看到我爸时说:“你爸爸个子好高,好帅啊!”但如果我告诉了你,为什么别的同学的家长都是开车来,而只有我们家是坐公交车来的原因，你会是一副什么表情呢？

清水，你会把我爸爸也叫“犯人”吗？你会指责他、怒叱他吗？

爸爸是一场交通事故的肇事者。十二年前的那个十月——当时，我只有两岁，哥哥也刚上小学。

从事营销工作的爸爸开着公司的客货两用车到山梨县的一个农村去，因为对那儿的路不熟悉，所以只能靠地图。当他发现前面有个正在过马路的大婶时，已经太晚了。

“我的车速一直控制在限速范围以内，而且没有酒后驾车，也没有边打手机边开车。只是在找高速公路的入口时，不知道该从哪条路拐进去，于是就看了一眼路标，然后，一切就那样发生了。”爸爸说。

“再说，那儿没有斑马线，是她骑着车突然冲出马路的。”妈妈在旁边补充着，语气中充满了责备。

小学四年级的那个秋天，爸妈觉得是时候了，就把这件事原原本本地告诉了我。从那年开始，十月份对我来说，就成了悲伤、痛苦、压抑的代名词。

“我急忙刹车，拼命打方向盘想避开她……可是，已经来不及了。”

并没有撞上她。不过，她摔倒时撞到了头。

“都是命不好。那个大婶跟你爸的运气都太差了。”妈妈说着，眼泪扑簌而下。

我要说自己没觉得受打击，那是骗人的。但当时脑子昏昏沉沉的，只想着，啊，怪不得我们家没有车，怪不得我们不能开车去兜风……

悲伤、痛苦和那种压抑感，是后来才逐渐向我袭来的。

爸爸并没有像清水所说的“犯人”那样逃逸。他付足了赔偿费。而且，他也并不是全权委托保险公司的人办理，而是亲自跑了好几趟山梨县，向死者的家属道歉。

可是，他们并没有原谅爸爸。就算爸爸伏地谢罪，他们也不让爸爸进门，连给死者上香都不允许。到去年为止，这十一年来一直是这样。

大婶去世的时候是五十几岁。两个儿子都已经独立，还有三个孙子。她有糖尿病，就因为要去看病，怕医院下班了，所以才从没有斑马线的地方过马路的。

她既不是一个有着未来的孩子，也不是一个有着幼小孩子的母亲。所以——我当然知道这种道理是讲不通的。

每年，临近事故发生，也就是大婶忌日的那个星期天，爸爸总是一个人去给她扫墓。而且，回来的时候总是一副落寞的神情。于是，家里人谁也不说话，都早早睡觉。

"够了吧！我们已经负上该负的责任了，还要怎么样？"去年爸爸扫墓的那天，哥哥对妈妈说。

"话可不能这么说。"妈妈劝导哥哥。

"难道去一辈子吗？"哥哥顶撞道。

"对，每年都要去。"妈妈果断地说。

爸爸一定会这么做的。我也这么想。爸爸是个非常认真、非常善良的人。他总是说，开车一定要注意安全。可是，爸爸的人生，就在那一瞬间发生了改变。

自己的爸爸，一辈子被人讨厌、被人怨恨、怎么道歉都得不到原谅——还有比这更悲哀的事吗？

别开玩笑了！——死者的家属们可能会这么说。我们的亲人死了，一瞬间命就没了。而肇事的人却活得好好的，这不是太不公平了吗!？就是要让你痛苦，让你难受，再怎么样，活着总比死了好吧……

我的脑子里突然浮现出从未谋面的死者家属的脸。

那张脸渐渐变成了清水的。

3

篮球部下下个星期天要和二中打一场友谊赛。期中考试完了以后，老师宣布了打上半场的队员名单。

"须藤同学你当后卫吧。不管能坚持多长时间，上半场开始就放开打。"

担任篮球部顾问的前田老师话音刚落，大家的目光就一齐转向我。有些同学对我作出“V”字的手势向我祝贺，可也有些同学的表情很复杂。

后卫这个位置本来是清水的。因为住院，她的位置被抢走了。

我一点儿也不高兴。“其实，我只是暂时代替清水的。等她回来了，我就还当替补去。”我不厌其烦地对每个队友解释着，虽然她们根本没人问我——我对自己讨厌极了。

我听见清水的好朋友阿桥和琵子说，反正今天考完试了，等会儿篮球部的训练结束，想去医院看清水。我想如果她们叫我的话，我一定也去。我想自己跟清水说我成了正式队员了。而且要尽量轻松地笑着说，最后还要强调一句“是在清水回来之前”。

可是，想去看清水的已经有五个人了。“一下子去太多人不好”，所以我被安排在明天以后的第二组了。

我总有点不太好的预感。第一次明白了什么叫“心绪不宁”。我想起了爸爸。十二年前的那一天，在出事之前，爸爸是不是也感到心绪不宁呢？如果在到达出事现场之前，稍微踩踩油门或者刹车，改变一下速度，那就能和大婶过马路的时间错开，那就什么事都不会发生了吧。

回家的路上，我听到远远传来救护车的声音。等红灯的时候，我看到一辆汽车在黄灯变红灯的瞬间飞快地驶过了斑马线。这时候要是正好有个性急的人过马路的话，那该多危险啊。

这个世界上，有运气好的人，也有运气不好的人。和报纸电视上经常说的“赢家”和“输家”相比，我觉得用“幸运儿”和“倒霉鬼”来划分更好。

那一天，爸爸的运气不好。那个大婶的运气也不好。两个运气不好的人碰在一起，就出事了。就这么简单——“要是什么都能用运气来解释的话，那还要警察干什么！？”我的眼前又浮现出清水噘着嘴抱怨的样子。

“她气得要命！”阿桥告诉我。

“是啊，都气哭了。”琵子补充道。

在听说了我将作为正式队员参加这次比赛时，清水的反应大得让所有去看她的同学大吃一惊，可以说是勃然大怒。

“但是，杏子你别担心，她不是生你的气”、“是啊，是啊，她是气那个撞了她的人”、“她说一定要找那个犯人算账”、“还说要在事故现场贴传单”、“反正不是冲你的，你别介意”、“下下个星期她还离不了拐杖，肯定没法参加比赛了”、“是啊是啊，她自己也知道”、“总而言之，那个犯人太可恶！”、“嗯，我也这么想”、“和杏子你没关系”、“你别往心里去，加油打球就行了”……

阿桥和琵子轮番鼓励我。

可是，她们每说一句话，我都觉得心像被针扎一样疼。

“有件事，我想问问。”我说，“你们为什么要把那个人叫‘犯人’？就因为他撞了人以后逃走了？”

她俩觉得我的问题莫名其妙，于是含含糊糊地回答：“嗯……是啊。逃走了嘛，那就是‘犯人’啰。”

“那如果没逃走，向清水道歉了的话，就不能叫‘犯人’了吧？”

她们互相看了看，一时不知道该怎么回答我。

清水这个星期出院了，下个星期一就要来学校上课了。

正像阿桥和琵子说的那样，她还拄着拐杖。好像接受了不能和二中比赛的事实，她跟我说：“杏子，你一定要替我好好打哦！”

可是清水对这件事所带来的不安和恼怒却超出了大家的想象。

她的情绪越来越坏。星期三之前还能安安静静地看我们练习，到了星期四，脸色就明显地不好看了：她把犯了个小错误的一年级的同学狠狠地训了一顿；也不帮我们把滚到她脚下的球踢过来；当我从她身边跑过的时候，她低声对我说：“瞧你那副得意样儿！”

我不生气。决不生她的气。

我拼命在球场上跑动，队友们都吃惊地赞叹：“杏子打得真好！”我的每个传球都很到位，而且在掌握了前锋浅野的呼吸节奏之后，和她的配合也近乎完美。

也许——我想。

也许，就算清水的骨折好了，也不能再当正式队员了。

所以我不生气。我理解清水的愤怒，我没有资格生她的气。并不是我强迫自己不生气，也并不是我在装好人。因为我理解她。在交通事故中的受害者是怎样一种心情，这一点，爸爸很早就开始教我了。

星期五练习完以后，我追上了正要回办公室的前田老师。在体育馆外面，我跟老师说，星期天的比赛，我不能参加了。

“我忘了那天有个亲戚要做法事，实在对不起！”我对老师说。然后低着头，在老师开口说话之前转身飞奔回体育馆。

阿桥正在用拖把清扫球场。清水站在她旁边，激动地一边挥着拐杖一边说着什么。她看见我走进来，马上就闭了口，走到离阿桥远远的地方。我猜到她们在说什么。

我理解。我理解很多人的很多心情。

可是，没有一个人能理解我的心情。正如那个大婶的家人们不理解爸爸的心情一样。

“寻人”——我把这两个字大大地打印在寻人启事上。

寻找十月十二日晚九时许，在这儿撞上一个骑自行车的女学生的人。那个女学生右腿骨折，进了医院，现在还拄着拐杖。和身体上的伤痛相比，您的不顾而去更让她受到打击。请求您站出来，跟她道歉。不然的话，您将成为一名“犯人”。

我把它贴在电线杆上。我觉得自己有点多管闲事。可如果让我对这件事置之不理，那我会更不安心。

在把这个启事打印出来之前，我删掉了这样一句话：

有很多肇事者都带着诚意向受害人道歉。为了这些人，请您不要再逃避了！

还有一句我犹豫了很久，最终没写上去的话：

即使一生都得不到原谅，也请您真诚地道歉。

——也许还是应该写上吧。到现在我还不知道到底该不该写。

我往后退了几步，想看看这些文字能不能看清楚。秋天的太阳下去得早，现在天已经黑了，光靠路灯，几乎看不见告示上的字。我决定明天要用更大的字体重新打印一张。好了，该回家了。当我转过身时——我发现一个人站在人行道上看着我。

“呀!”我差点儿叫出声来。两脚发软,正准备拔腿就逃的时候,我看清楚了面前的人。

是村内老师。

老师好像也被我吃惊的样子吓了一跳。他忙不迭地跟我道歉:“啊,对不起,对不起,我不好,实在不好意思……”

什么时候开始的——?

你什么时候开始站在这儿的——?

老师说:“等我一会儿。”——等、等、等、等、他一边结结巴巴地说着,一边迎面走过来,越过我,在电线杆前停下,开始看那张告示。

看完后,他慢慢地回过头来,笑着对我说:“你真是个好人。”

我失去了逃走的时机。没办法,只好说:“不是清水让我写的,我也不是为了清水写的……”

“我不是这个意思。”

“哎?”

“我是说,你对那个逃掉的人很宽容。”他微微一笑,继续说,“你是三班的须藤同学吧?”

“……嗯。”

“刚才,在办公室,前田老师很为难呢。因为你突、突、突然说不能参加比赛了?”

我低着头,看着自己的影子。系在书包上的红色的护身符在夜色下非常显眼。

“是不是和代替清水参加比、比、比赛有关?”

没有,完全无关——。

我本来想在听到“清水”的时候,就马上回答的。可是,因为老师结巴得厉害,让我错过了那个机会,结果只好沉默地低着头。

老师把视线转向告示,说:“不管是被叫做‘犯人’,还是叫别人‘犯人’,心里都不好过噢。”

他说得很慢。我并不觉得他知道我的苦恼。但是,老师的声音却直达我的内心深处。

我抬起头，说："我也觉得不好过。"

"……嗯。"

"我不参加比赛，跟清水同学无关。因为后天我必须得去一个地方。"

"听说是去做法事？"

"嗯，对。是去扫墓。不过，对不起，我撒谎了，因为他并不是我们家的亲戚，"我继续说，"可是，我必须去，因为这件事对我来说非常非常重要。"

老师沉默地看着我。

4

下了火车，站在月台上，带着凉意的空气让我不由得哆嗦了一下，打了个喷嚏。

"我不是说了让你穿件外套嘛！"

妈妈还是像在家里时一样啰嗦。在外面不怎么跟爸妈说话的哥哥，他的态度也和在东京的时候一样。还有我，刚才在火车上，我也像平时的周日一样，戴着耳机，一边听音乐，一边嘎巴嘎巴地吃零食。

全家都在——我们家的客厅原封不动地被搬到了这里。

爸爸说了句"从西口出站"，就一个人朝检票处走去。他手里提着的那个百货公司的袋子里，装着老字号日式糕点店的羊羹。清水会不会给它打个"○"呢。如果她说这个礼物欠缺诚意的话，那我就再也不承认她是甜品女王了，绝不承认。

从月台上可以看见远处的山。山上的枫叶开始变红了。爸爸每年都会看到这个景色吧。不过，他可能根本没有心情欣赏吧。又或者，像现在这样，他只是低着头走路，根本没注意到枫叶呢？

我小跑了几步，追上爸爸。

“爸爸。”

“嗯?”

“那座山,全都红了!”

你看你看,那边,还有那边。我用手指着。爸爸扬起脸,点点头,“噢”了一声。果然——他是第一次注意到。

“……爸爸,大家都来,你不高兴了?”

“没有啊。”

“可是,你其实不想让我们来吧?”

“我说了没有。”爸爸笑着回答我。

不过,他好像不怎么想继续跟我说话。我觉得无聊,于是又回到妈妈身边。

也许还是不来好。我的心里渐渐涌出了犹豫的感觉。当我察觉这种感觉有可能会变成后悔时,我不禁有些害怕。

“刚才你们说什么呢?”妈妈问我。

“嗯,没说什么……”我低着头回答。

“虽然咱们都来了,可还是让你爸爸一个人走在前面好些。”妈妈搂着我的肩膀,继续说,“咱们不说话,只要默默地看着他就行。”

哥哥也低声说:“就是嘛。”

妈妈的手,在我的肩膀上摩挲着,好像想把什么东西揉进去似的。已经好久没跟妈妈有这样的身体接触了。我觉得痒痒的,酥酥的,很舒服。

星期五的晚上——当听到我说“带我一起去扫墓吧”的时候,爸爸妈妈都极力反对。特别是妈妈,语气非常强硬地说:“你不用去,这是你爸爸的事。”

我本来也没指望他们会同意。不过,我已经想好了。如果他们实在不同意,那我就使出杀手锏——偷偷地和爸爸坐上同一趟特快火车。

可是,到了星期六,形势突然变了。

变化是从中午篮球部训练的时候开始的:前田老师把我从上场队员中取消了。既然我不能参加明天的比赛,取消我是理所当然的。可他取消的方式一点儿也没让我觉得尴尬。

训练的间歇,老师问我:“听村内老师说,你明天有重要的事?”

真是个多嘴的小老头——我有些生气。

老师继续说:“他跟我说,当学生说有重要的事情的时候,就应该优先考虑学生。”

“……村内老师说的?”

“嗯,他昨晚打电话给我了。”

打电话说的——。

说话那么结巴,肯定费了不少劲儿吧。刚想到这儿,前田老师好像看穿了我的心思,笑着说:“我反复问了好几次才明白,呵呵。”

“我想也是……”

“不过,他把想说的话,全都表达出来了。”

“……因为你们都是老师吧。”

前田老师微微歪了歪头,说:“我想,你的意思,村内老师也全都听明白了。”这个回答好像和我的问题有些不符,但是,老师却毫不在意,继续说:“你其实不用撒谎。以后有要紧事就直说。因为我知道,中学生说有‘重要的事’,那肯定是非常非常重要的事情。”

“……哦。”

“知道什么是‘重要的’是非常重要的。我虽然比村内老师年轻,但完全理解。以后你有什么事情就坦白跟我说,我一定会理解你的。”

“真的,相信我。”老师说完这句话,笑了笑,又去训练了。

知道什么是“重要的事”是非常重要的——。

听上去像是歪理,但是这个歪理在我们家竟然说通了。

篮球部训练结束以后,我回到家,妈妈说:“明早八点出发哦。”还说,爸爸去买特快列车的座位票去了。

“你们同意我去了?”

“嗯……而且,全家都去。你哥哥,我,还有你,一起去。”

“莫名其妙!”哥哥躺在沙发上嘟囔着,“我可不道歉,也绝不在她的墓前合掌,绝不!”

“为什么……你们怎么突然改变主意了?”

“因为刚才有个人打电话来。”

是村内老师打来的——。

问关于扫墓的事情。

“突然被他问起，我吓了一跳……”

“你把爸爸的事情跟他说了？”

“你爸爸把电话接过去，自己跟他说的。还说没打算带家里人一起去。”

可是，村内老师跟你爸爸说，知道什么是“重要的”是非常重要的。所以，让你爸爸无论如何也要满足你的愿望。——不可能！我想。他不可能说得这么流利。因、因、因为，知、知、知道“重要的”，非、非、非常，重、重、重要。他肯定说得结结巴巴的。再加上在电话里有杂音，所以前田老师和爸爸一定都上了他的当了……说不定，换了我，也会上当的。

“可是，那个老师，又不是我们班主任，和我根本扯不上关系。”

妈妈也点点头，说：“从来没听说过这个村内老师的名字，所以开始我也不知道该怎么办……不过，扫墓的事，你只告诉了他吧？”

“不是的，那是碰巧了，顺口说出来的……”

我急忙否认。可是，忽然觉得自己这么做好像很奇怪，于是一下子泄了气。

我的表情刚一缓和，妈妈就迫不及待地把爸爸接了电话以后的情形告诉了我。

“你爸爸，看上去好像挺高兴的。”

“高兴什么？”

“因为他知道了，你是诚心要去扫墓的。”

“……我本来就是诚心的。”

“那个老师还说了你贴寻人启事的事。”

我的脸一下子发烫了。那个多嘴的小老头，真的可恶到了极点。

“村内老师，真是个好老师！”

单纯。妈妈，你太单纯了。

“可是，他说起话来，结结巴巴的，你能听清楚他在说什么吗？”

妈妈笑着点了点头，说：“是啊，我反复问了好几次。不过，他把他的意思全都表达出来了。”——妈妈的笑容和前田老师一样，说的话也一样。

从车站到寺庙，乘公共汽车大概花了三十分钟。开车几分钟以后，道路两旁就完全看不到房屋了，只有已经收割完稻子的农田。农田的尽头，便是狭小蜿蜒的山路。历史悠久的寺庙便在这座山上。寺庙正殿的后面被辟为陵园，大婶就安葬在这里。

从坐上汽车开始，我们就一直沉默着。在火车上，哥哥频繁地跟他的朋友们发短信，我以为他在汽车上也会闹别扭，可是，汽车进入山路以后，他就把手机关掉了。

我看哥哥关了，于是我也把自己的手机关了。手机里，我新添加了一个人的电话号码，是昨晚加的。我把家里电话上显示的村内老师的手机号码加进我的手机里了。我不知道"重要的"扫墓将会怎么样，但是不管结果怎么样，不管会发生什么事，我都想报告给老师。

我们在终点站下车。这里比车站更冷些。不过，空气非常清新，天也很高、很蓝。

到底怎样的天气适合扫墓呢？我不知道。不过，只要不下雨就好。因为我实在不忍心看到爸爸冒着雨在墓前双手合十默默哀悼的身影。

爸爸提着水桶走在最前面，接着是妈妈，她怀里抱着在车站前的花店买的鲜花，妈妈的后面是拿着香烛的哥哥，拎着羊羹的我走在最后。我们拾级而上。

陵园比我想象的要大，墓碑也很多。而爸爸丝毫没有犹疑不定，直奔大婶的墓碑走去。

到去年为止，爸爸每年都是一个人走在这儿吧——我再次细细体会爸爸的心情。他从来不带我们来，是不想让家人看到自己的弱点呢？还是不想让家人感到悲伤？又或者，他不想使之感到悲伤的并不是我们，而是在那一瞬间死去的大婶？

爸爸站住了。

"是这儿。"他回头对我们说。

妈妈把花束夹在腋下，在墓前双手合十，低下了头。

还没到默哀的时候呢——不过，我和哥哥都没说出口。

5

妈妈仔细地在墓碑周围洒上水，擦干净灰尘，摆好鲜花。因此，大婶的墓碑看上去比周围的都要干净，也热闹些。

爸爸点着了一把香，分别递给哥哥和我。

“你们两个先来。”

哥哥听话地点点头，把香供奉在墓前，然后站着双手合十。我以为他只是走个过场而已，没想到他做了很长时间。而且从墓前退下之后，他的表情好像比合掌之前还要严肃。

哥哥还记得那时的情景。警察来家里调查取证；爸爸好几天都不能回来；妈妈紧紧抱着特地从乡下赶来的奶奶号啕大哭；保险公司的人和爸妈在客厅长谈……这些事情，他都没忘。

可是我什么都不知道。两岁的我应该看见或者听见一些什么，可是它们全从我的记忆中消失了。我一方面觉得这样挺好，而另一方面，又觉得很对不起家里的另外三个人。

我也上了一炷香。看到刻在墓碑上的字，我知道了大婶家姓伊藤。

我跪下，闭上眼，双手合十。

伊藤大婶——。

真的真的很对不起——。

可是，已经这么多年了，您就原谅我爸爸吧——。

无论过多少年都不原谅——如果和他们交换立场的话，我会这么说。再怎么赔礼道歉都不原谅——我一定会这么说。一边哭一边说，而且还要把东西砸在你伏下的背上。

您也一定有过很多开心的日子吧。如果没有这场事故，那将会有更多吧。

和我们一家人说说笑笑一样，大婶您也一定能和家人一直、一直、一直开心地生活下去吧……

我闭着的眼睛有些湿热。也感觉到自己紧紧合在一起的双手在发抖。

伊藤大婶——。

对不起，真的，很对不起——。

我要是您的家人，我肯定会骂着说："你们现在怎么道歉都没用！我会恨你们一辈子！如果你们真的想取得原谅，那现在就让死去的人活过来。至少，我要让你们感到难过，不许你们过幸福的日子。我要你们一生都背上这个沉重的负担！"

伊藤大婶——。

可是，原谅我们吧。伊藤大婶——。

求您了——。

有只手轻轻放在我的右肩上。手掌很大。是爸爸的手。

过了一会儿，又有一只手放在了我的左肩上，是妈妈的手。

爸爸妈妈都轻轻地拍了拍我的肩头。左边和右边的节奏稍微有些不同，让我觉得很舒服。啊，这种节奏好像曾经有过。对了，和村内老师说话时结巴的节奏很像。

"杏子，差不多了。"哥哥说，"你的心意，她都知道了。"

好像是生气的声音。可是，又像是哭泣的声音。我闭着眼睛，所以不知道到底是哪种声音。不知道就不知道吧。我把眼睛闭得更紧了，眼眶中充盈的泪水渗了出来。

妈妈也在墓前双手合十站了很长时间。最后轮到爸爸了。

在爸爸上香的时候，妈妈冲我和哥哥招招手，"咱们到那边去，让你爸爸一个人呆一会儿。"她推着我们的背说。

所以，我不知道爸爸面对着墓碑时是什么表情。我站在离他稍远的通道上，只能看见他的背影。

"你看，你爸也见老了。"妈妈说，"岁月不饶人啊。你爸爸的背影都老了。虽然他不服老，可也毕竟是快五十岁的人了。"妈妈继续说，"你们两个也该孝顺孝顺他了。”她边说边嗔怪地瞪了我们一眼。

我觉得，这些都是妈妈故意想调节一下气氛才这么说的吧。

不过，妈妈顿了顿，表情严肃地说：“你们爸爸啊，自从那件事以后，就基本上没有发自内心地笑过。还是忘不了啊。十年、二十年，哪怕三十年，他还是忘不了。”

我和哥哥都不说话，呆呆地看着爸爸的背影。

“所以我刚才说让你们好好孝顺他的。好不好？明白了吧？”

妈妈的语气又变得轻松了。不过我们还是凝视着爸爸的背影，没有说话。

从陵园回到寺院里，爸爸跟我们说了声“等一下”，就跑到正殿旁边的事务所里买护身符去了。他买了两个交通安全的护身符——一个给了哥哥，还有一个给了我。

“前年吧，或者在那之前，我就知道这儿有卖护身符的。不过，总觉得在这儿买好像不太好。不过，其实无所谓吧，又是咱们全家第一次来。”爸爸像是找理由似的，先把护身符递给了哥哥。

“刚才，在墓前，我跟她说了，让她同意我儿子开车。”

“……可以吗？”

“没有驾照的话，将来找工作的时候不方便……也算是生活必需品吧。”

哥哥把护身符放进夹克的口袋。我以为他会高兴地举起胳膊欢呼，不过，他只是和扫墓时候的一样，神情严肃。

“来，杏子，这个是你的。”

“……谢谢。”

“你虽然不是篮球部的那个同学，可也真的要小心哦。因为有时候虽然自己没什么错，但会由于对方的错误把你卷进交通事故里。”

爸爸笑笑，又看看妈妈，问：“这个道理是不是该我来说？”妈妈也笑着看看爸爸，说：“这个道理除了你，还有谁有资格说？”

“够了。不用在我们面前强颜欢笑了。”我真想跟他们说。哥哥已经是大学生了，而我，虽然还不是大人，但也不是小孩子了。

我没把护身符系在书包上。而是把它的绳子穿在左手的食指上，紧紧攥在手里。

我的交通安全,从明天开始。

今天——现在,我想把护身符的力量送给爸爸。

“公交车要开了,快走吧。这一班如果赶不上的话,就得再等半个小时。”

爸爸快步走着,我看着他的背影,把目光停留在他手里提着的纸袋上,不由得又使劲捏了捏护身符。

到了火车站,爸爸一个人打出租车去了伊藤家。他走前跟我们说,让我们找个店坐下,边喝茶边等他。可是,我不想在那种地方等爸爸。也许妈妈和哥哥都是这么想吧。所以我们在车站外面找了个长椅,坐在那儿等。

还不到太阳西下的时间。可是,也许是因为山的压迫感吧,天空一点点被傍晚的颜色染红了。风也变得寒冷起来。

“我还以为你也想跟你爸爸一起去呢。”妈妈说。

好像对我没有提这个要求很意外,又好像是在赞许我。我稍微笑了笑,摇了摇头。因为那是属于爸爸一个人的“重要的事”。

“爸爸会跪在地上给他们道歉吧。”哥哥恢复了平时的样子说,“要是我也去的话,我肯定会跟他们家人说:‘你们这些混蛋,差不多就行了!别以为是死者的家属就了不起!’”可是,我知道他是说着玩的。正因为是说着玩的,所以虽然没人批评他,他还是低声嘟哝了一句:“对不起……”

虽说特快列车在这一站停车,但这个镇并不大。车站前的环岛转盘很小巧,来往行人的脸也都能看得清清楚楚。伊藤大婶,如果您没有遭遇那场事故的话,现在也许正走在这条路上呢。事隔十二年,现在应该叫您伊藤奶奶了吧。说不定您会和孙子一起在这儿散步呢。我攥紧了手里的护身符。真的,真的,真的,对不起。明年我还去给您扫墓。我们都去。说定了!

“友谊赛差不多该打完了吧?”

被妈妈一问,我才想起来。从早上开始,我根本就把这件事忘到九霄云外了。

“真可惜哦。好不容易能上一次赛场。”

“嗯,不过……以后还有机会。”

“那孩子是不是叫清水来着？她本来就是正式队员吧？那等她伤好了，你肯定会输给她的吧？”

“输是会输，……不过，我会努力的。”

妈妈笑着说：“好啊。不管你是正式的，还是替补的，春天的那场比赛，我跟你爸爸一定会去给你加油的。”

“不用来不用来，你们来的话，我在同学面前多难为情啊。”我笑着拒绝着，拿出手机，想：“说不定有人发短信告诉我比赛的结果呢。”于是打开了手机的电源。

一条新信息——发信人：清水。

“有个惊人的消息！快回电话给我。”

我打过去，清水在电话里高兴得说了三遍“真让人难以相信”！

的确是一个“让人难以相信”的消息。

不顾而去的那个男的——到警察局去自首了。刚才还到清水家去，和她的父母商量了治疗费用的事。

“撞了她以后，我看见她摔倒了，但没想到伤得这么重。报纸新闻上又都没有报道，所以我一直都不知道。”

直到看见那张寻人启事。

“不知道是哪个好心人贴上去的。‘你不觉得那个受伤的女学生很可怜吗？’‘你不站出来认错的话，将永远成为一个懦夫！’写得真好。原来这世上还真有好人啊。”

我一边沿着火车站前面的转盘溜达着，一边笑着说：“是啊，是啊。”

“那个犯人叔叔看见告示，就急忙打电话到警察局了。刚才他拼命地跟我爸妈解释，说他不是故意逃走的，而是根本不知道我受伤了。”

她仍然用了“犯人”这个词——不过在后面加上了“叔叔”，好像听上去不是那么刺耳了。

她发短信给我的理由是：“因为你是第一个到医院来看我的，所以我把这个消息第一个告诉你。”——对星期四她跟我说的那句刻薄话，她并没有道歉。但是，和道歉相比，这件“难以相信的事”让我高兴得多。

“他是个什么样的人？”

“嗯，挺普通的一个中年男人。不是那种面相凶狠的人。说是住在三丁目附近的住宅区。比我爸妈看上去年轻，孩子应该还在上小学吧。”

“现在什么情况？”

“他说医院的费用他都会支付的，还说，万一留下后遗症，他也会负责的……我爸妈都原谅他了。”

“不过呢，”清水继续说，“最后，我爸爸把他狠狠教训了一顿。”

“什么意思？”

“我爸说要是我伤得更重，或者性命不保的话，他决不会就这么算了。”

我也同意。完全同意。幸亏，幸亏清水活着，还算健康地活着。与其说是为清水感到庆幸，不如说是为了那个“犯人叔叔”而感到庆幸。

我用大拇指抚摸着手中的护身符。我本来是不相信神灵的存在的。可是，我现在很想对它说声：“谢谢！”

“清水，你原谅他了吗？”

“我？我呀……”

清水咯咯咯地笑着，说：“看在他带来的礼物的份上，我原谅他了。”

是“爱诺奇卡”的摩卡泡芙——。

“要想在星期天买到它，非得在那家店开门的时候就去。他还真买到了。他来我们家的时候已经下午了，所以，肯定是从三丁目特地赶到火车站去买的。嗯、不错！有诚意！”

刚好转了半个环岛的我，哈哈哈地笑着，走到外面的马路上。妈妈和哥哥还是并排坐在那个椅子上，中间留着我的位置。西下的夕阳斜斜地照在他们身上，让人觉得像是画中的人物。

我和清水打完电话以后，把手机换到右手上，拨通了村内老师的电话。

说什么，该怎么说，我都没想好。但是，我就是想跟老师说点儿什么。

我把手机放在耳边。震铃音的节奏和老师结巴的节奏……不太像吧。也许把这两种声音联系在一起太牵强了……想着想着，我不禁笑了，肩膀也放松了。

一辆出租车刚刚驶进环岛转盘，嘎地急刹车停住了。爸爸从那车上走下来。他诧异地看着我，不明白我怎么会在这儿。他的右手——还提着那个百货商场的纸袋。

我紧紧握了握手里的护身符。震铃音还在继续，爸爸的悲伤也在继续。

可是，没有办法。我对自己说，现实并不像我们想象的那样美好。如果护身符真的管用的话，那这个世界上就不会有交通事故了。

震铃音还在继续。也许是看见我正在打电话，爸爸下了车之后，就站在原地，也没跟我说话。

还是不打了。我改变主意了。有些话本来的确是想跟村内老师说的，可是，在看见爸爸手里提的那个纸袋的瞬间，好像都消失了。

我把手机从耳边移开了点儿，就在这时——爸爸把纸袋抱在胸前，然后把右手伸进袋子里。纸袋的形状变了——里面不再是那个方形的羊羹盒子了，而是鼓鼓的，好像有很多圆圆的东西。

爸爸的右手从纸袋里掏出了一样东西——橙色的，圆圆的。

是柿子。一个蒂上还带着新鲜枝叶的大柿子。

爸爸显得有些不好意思，迟疑地、但非常开心地蠕动着嘴巴："他、他们、送的——。"

爸爸也结巴了。

电话通了。"喂，你好。"村内老师的声音传进我的耳朵里。

老师，我是，须藤。那个、那个、那个、嗯、那个……

我有好多话想跟老师说。可是，该从哪儿说起呢？怎么说才能说清楚呢？

我紧紧地攥着手里的护身符，好像稍微有一点儿相信神的存在了。

青鸟

1

我们现在正在受罚。

有的同学笑笑，觉得无所谓。有的同学却很气愤，觉得这是小题大做。

“事情都过去了，那家伙到底想干嘛！？”

井上站在二楼的阳台上朝操场上吐了一口唾沫。他说的这句话，正是大家心里想的。

的确，事情都过去了。

我们都认识到了自己的错误，都很后悔，都想跟野口道歉。真的！当然，其中也有像井上这样，反省得不是很彻底的人。但是几乎所有的男生——特别是我，真的在认真地反省自己。

难道这样还不够吗？他这么做，是想让我们更后悔自己做过的事、更深刻地认识到自己的错误吧。

上课的预备铃响了。接受惩罚的一天即将开始。

我看见老师们纷纷从办公楼出来，穿过游廊，往教学楼这边走过来。村内老师也在其中。井上看见他，嘟囔了一句：“看见那家伙就来气！”便进了教室。在阳台上的其他同学虽然嘴上没说，但好像也颇有同感，都无精打采地回到了教室里。

我走在最后。我们二年级一班一共有三十三位同学，教室里却有三十四个座位——空着的两个，一个是我的，另一个是野口的。我坐在了自己的座位上。靠窗那一排从前数第三个座位是野口的——还是和以前一样，空荡荡的没人坐。

站在讲台上的村内老师，沉默着环视了一下教室，目光停在野口的座位上，轻轻点了点头，打开了点名册。

“十、十、十一月，九、九、九号，星期四……对、对吧？”

村内老师说话有点儿结巴。身为一个语文老师，却说不好以“ka”行假名、“ta”行假名还有浊音开头的词。这时，有几个女生发出嗤嗤的笑声，还有几个男生低着头嘟囔着：“真受不了！”井上把头转向周围的同学，从鼻子里哼了一声：“讨厌鬼！”

站在讲台上应该很清楚地看到教室里的这种情况，可村内老师却并不放在心上。他若无其事地确认了今天的值日生之后，在点名册的缺席栏里填上“无”，然后抬起头对野口的座位，轻轻地、微笑着说：“野口君，早！”

今天的惩罚开始了。

井上不耐烦地用教科书把桌子敲得砰砰响。

老师毫不在意，开始给我们发《学生会报》。以前的班主任高桥老师总是让最前排的同学往后传，而村内老师却是一张一张发到我们每个人的座位上。他给野口也发了。给野口发的时候，他把椅子往后拉了一点儿，然后把报纸放进抽屉里。——他这么做，也是对我们的惩罚之一吧。

老师发到我了。我把手放在两腿之间，低着头。如果是高桥老师的话，一定会生气地说：“要用两只手来接！”碰上他心情不好的时候，还会被揪耳朵呢。可是，村内老师却什么都不做，也什么都不说，默默地把《学生会报》放在我的桌子上，又默默地发给下一个同学。

井上还在用书敲着桌子。也许是因为老师不理他，所以他敲得更起劲了。“喂！井上！吵死了！”——和井上素来不合的梅田不满地低声抗议。井上咂咂嘴，又狠狠地最后敲了一下，然后把教科书扔在桌子上。教室里的气氛僵住了，那种战争爆发之前的压抑感笼罩着整个教室。

村内老师还是没有理睬他们。像什么时候都没发生似的，默默地把报纸放在井上的桌子上，又放在梅田的桌子上。

《学生会报》是十月份开始发行的。每个星期两次——在星期一和星期四发给学生。今天发的这份《学生会报》是总第十一期，A4的纸上大大地印着《重生·东丘中学的努力目标》。

例如：上学放学要主动跟老师打招呼；要利用午休时间捡纸屑；要成立义务劳动委员会等等。

每件事都是在星期二的学生会总会上决定的。报纸上还登了一件在学生会总会上因为时间关系没能决定的问题，这是后来由三年级的总务委员和老师们协商决定的。

咨询校园欺负问题的意见箱叫“青鸟信箱”。之所以采用这个名字，是因为青鸟寓意着身边的幸福。今天，即十一月九日的午休时间开始，我们将在校内五个地方（办公室门口、图书馆门口、电梯口、保健室门口、体育馆门口）放置信箱。受到欺负的同学、看到欺负行为的同学、或者想停止欺负别人却无法从群体中退出的同学，请你们拿出勇气，把自己的烦恼告诉“青鸟信箱”吧。每个星期一放学后，老师们和担任总务委员的同学们会来查看这个信箱的。

我是二年级一班的总务委员，也参加了给意见箱取名的会议。

青鸟——这个名字好像是三年级的一个同学提出来的，我觉得一点儿都不好。其实，我根本就不赞成设立这么个信箱。

可是，开会时我什么都没说。我没有资格反对大家决定下来的事情。设立欺负问题的意见箱、发行《学生会报》，以及东丘中学的重生——学校不得不脱胎换骨重新开始，种种这些，都是我们二年级一班引起的。

村内老师发完报纸，回到讲台上，环视了一下四周，说：“早上的，班会，就、就就就、就开到这儿。”然后走出了教室。

“你看那家伙，一点儿干劲儿都没有，哪像个老师啊！？”

井上故意大声说。周围的同学们也都点头附和。

“你屁话真多！”梅田低声说，“要是有意见，就去当着他的面说啊！蠢货！”

这回，梅田周围的同学们瞪着井上，附和着说：“就是嘛，你这个胆小鬼！”

教室里的气氛又变得沉闷了。

可是，十月份我们写了那么多作文；开了那么多次班会；大家也都认识到中学时代最重要的就是友谊和互相理解，那为什么班里的关系还会这么紧张呢？

事情是从十一月村内老师接手我们班开始的。自从那个老师当了我们班主任以后，我们都变得很不开心，很烦躁。全怪他，怪他非要把已经搬走的野口的桌椅再搬回到教室。

第一节课是英语。我一边等着本间老师来上课，一边看着野口的座位。

野口不在。今后——或者永远也不会在我们面前出现了吧。可是,他的座位却一直留在这个教室里。

不在,却在。在,却不在。

我们大家,现在都在承受着这样的惩罚。

2

野口在班里受到同学们的欺负,是从第一学期期中开始的。那时,分班之后的适应期已过,大家在新班级里都找到了合得来的好朋友,结成了小团体。野口也加入了井上的团体,那是男生中最大的一个。——“便利君”就是井上给他取的外号。

“为什么要给他取这个外号?”事后,教育委员会的人问井上。

开始,井上回答说:“因为野口家是开便利店的。”可教委的人继续追问:“真的?只因为这个?”“其实,是因为我让他干什么他就干什么,感觉方便,所以就这么叫他。”井上看无法抵赖,于是坦白道。

可是,教委的人对这个答案并不满意。他们继续问:“你是不是让他把他家店里的文具啦、零食什么的拿到学校来?只要你说想要什么,他都会拿来给你,所以你就叫他‘便利君’,是不是?”

的确如此。他们调查得很彻底。井上后来对大家解释:“我没法抵赖,也不能撒谎。因为如果谎言被揭穿,那后果将会更严重,对吧?所以我只好实话实说了。”——他之所以要这么跟大家辩白,是因为他还对教委的人说:“拿过野口东西的人不止我一个,大家都拿过。”然后,把我们班所有男生的名字基本上都报出来了。

我的名字也在其中。其实,我和井上的关系属于一般。和井上他们那个团体相比,我跟足球队的和田啦、市川在一起的时间更多一些。只是在七月份的某一天，井上跟我说："别跟他客气，你想要什么就跟他说。"于是，我就问野口要了一瓶木糖醇的口香糖。

学校召开了紧急家长会。在家长会后的单独谈话中，妈妈知道了这件事。回到家，她边哭边不停地骂我。爸爸从妈妈口中听到这事之后，把我叫到客厅，狠狠地扇了我一个耳光。我生平第一次看到妈妈在我面前哭，也是生平第一次被爸爸打。

"你为什么不阻止大家？"爸爸问我，"难道你连这点儿勇气都没有？"

我用手捂着火辣辣的左脸，默默地低着头。

我根本没想过要欺负他。

可是，就算我这么说，也没人会相信吧。就连我自己到现在也不知道，我那么做，到底算不算欺负他。

只是，在二年级一班教室里的野口，总是笑嘻嘻的。

同学们故意难为他的时候，他总是用很尊敬的语气说："请各位饶了我吧。""各位的要求实在难以做到，请大家高抬贵手吧。"一边说，还一边滑稽地笑着："很危险啊！要是被我爸发现了，非杀了我不可！""这可是最后一次了啊，真的最后一次了，下不为例哦。"可是，结果他还是每次都把大家想要的东西偷出来，拿到学校来，还笑着说："怎么样？我干得不错吧？我可是把这些东西缠在肚子上才偷出来的。"……

四月份刚分在一个班时，我觉得他是个很爱开玩笑的人。井上最开始也只把他当成一个小喽啰，没打算对他做那些过分的事情。可是，因为他总是笑嘻嘻的——越是让他去做难以做到的事，他就越是扮怪相，逗大家笑，说："那可是地狱哦。""呀呀呀呀，别这样，别这样。"所以大家觉得他好说话，就不满足于光让他做跑跑腿这么简单的事了。

第一次让他从店里拿东西到学校来是六月底的一天。井上半开玩笑地命令他："你明天给我带块橡皮来！"野口也笑着回应："啊？不行啊，我办不到啊。"如果第二天他跟井上说"不行，我真的办不到"的话，也许，事情就到此结束了。

可是，那家伙竟然带来了。在大家"了不起！"的惊叹声中，野口开心地、得意地笑着说："好！我下次继续努力！"

后来我们才知道，野口拿来的那块橡皮，是他用自己的零花钱在别的便利店买的。后来是巧克力，再后来是薯片……这些一二百块钱的东西，都是他买来的。如果当时我们就意识到这样做不对，跟他说下次不用带了。或者，大家都不再向他要东西了的话，也许，事情就到此结束了。

“绝对不会！”高桥老师说。在我九月底交上去的反省作文上，高桥老师用红笔打了个大大的“×”，还让我重写。

老师不容分说地驳斥我：“如果野口不听你们的话，你们肯定还会对他做出更过分的事。所以，他是因为拒绝不了你们的要求才带来的。”当时我心里想，老师你错了，真的错了。如果野口果断拒绝的话，我们肯定不会对他再提出任何要求了。可是现在，我却模模糊糊地觉得，也许老师说得并没错。

进入暑假以来，野口和梅田他们混在一起的时间多了。可是，他的“便利小子”的作用并没有改变。

“因为井上那样对野口，所以，我们也那样对他喽。我们只不过是在学井上而已。”——梅田跟教委的人说。“那家伙可真卑鄙，竟然把责任都推在我们身上！”——井上听说了这件事，生气地骂道。

暑假里的一天，梅田让野口拿本杂志给他。那是一本成人杂志。野口嘴上说：“饶了我吧，这事太难了。”但是第二天还真的带来了。后来我们才知道，那是他第一次在自家的店里偷东西。

爸爸、妈妈，对不起。爸爸那么辛苦地经营着便利店，可我却在里面偷东西……

野口在遗书里向父母道歉。他错把“经营”的“经”字，写成了“轻”和“径”，然后在上面打了两个“×”。也许在最后的最后，他都想逗大家笑，所以才故意那样写的吧。

整整一个暑假，野口穿梭在梅田和井上之间。他们几乎每天都强迫野口带果汁和冷饮。野口自己的零花钱用完了，就偷家里的钱去买，要是偷不到，就到自家的店里去拿，还骗打工的伙计说跟他爸爸打过招呼了。反正，他好像一次也没有拒绝过大家的要求，从来也没空着手来过。

我因为参加了暑期补习班，还要忙着足球队的训练，所以整个暑假，一次都没见过野口。所以我什么都不知道，一切都跟我没关系。可是，如果在休息天里我遇见梅田或者井上的话——我想，我一定也会吃野口带来的冷饮，或者喝他带来的果汁吧。

野口的父母来学校是暑假快结束的时候。他们从打工的店员那里听说野口几乎每天都要从店里拿东西出去，就去问野口。而野口总是说都是自己吃了喝了。父母不太相信，所以来学校问高桥老师，他在学校是不是受到了同学的欺负。

之后他们谈了什么，没有人知道。连野口的父母到学校来这件事，我们都是后来看了报纸上的报道，"少年的父母找过班主任，而班主任却在掌握了学生受欺负的情况后，并未采取任何措施，"才知道的。

在高桥老师请了假，不来学校上班之后，井上跟我说："本来就是嘛。其实，高桥挺喜欢我和梅田这种捣蛋鬼的，相反，他肯定会去批评野口，责怪他没有果断地拒绝我们。"

我也这么想。高桥老师的口头禅是：一定要当强者！他还说："无论是欺负人的一方，还是被欺负的一方，都是弱者。因为自己是弱者，才会去欺负别人。也因为自己是弱者，才会被别人欺负。我不希望咱们二年级一班的同学成为这两者中的任何一者。"——当我爸爸听说说这番话的老师以生病的理由向学校请假之后，只说了一句："胆小鬼！"

"可是……"

井上最近经常嘀咕："咱们真的欺负野口了吗？我其实也不是故意的啊。只要我说想要什么，那家伙就会拿来给我……所以，我就把想要的东西都告诉他了。我又没有逼他，也没有威胁他……这也算欺负吗？园部，你觉得呢？你脑子好，你将来不是还想当律师吗？你应该知道吧，这到底算不算欺负人啊？"

他每次问我这个问题，我都歪着头，说："嗯，这个嘛……"

"当初让野口加入我们团体的时候，他不是还挺高兴的嘛？"

"……嗯，那家伙当时笑得很开心呢！"

"对吧？对吧?！他应该没觉得自己受了欺负吧？"

结果，话题又回到了起点——。

第二学期开始以后，野口的生活仍然跟第一学期还有暑假时一样，没有改变。

对于大家出的难题，他总是笑嘻嘻地，扭着腰，嘴里说着“饶了我吧，我办不到”，可行动上却总是满足我们。“我实在没有能力了，你们要是不放过我，我就只有去死了。”他一边笑一边说。大家也在笑。他看到大家笑，自己就笑得更起劲了。然后大家看到他笑的样子更觉得好笑，于是，他好像觉得自己能把大家逗笑，也很开心，于是不停地笑啊、笑啊、笑啊、笑啊……然后，九月中旬的某一天，那家伙竟然在家里上吊了。

当时的情况危险极了。他把绳子挂在窗帘轨道上，而轨道负担不起他的体重，被拉弯了，于是他就摔倒在地上。不然，他肯定已经死了。在楼下的妈妈听到二楼的声音，赶忙跑进他的房间，发现野口觉得上吊行不通，就拿了一把刀，眼看就要刺进脖子了。如果他妈妈晚来一步，或许他已经割断了自己的颈动脉。

野口给父母写了遗书，里面详细地写了自己在班里受到了怎样的欺负。

他的父母立即来到学校，要求学校彻底调查此事，对犯错误的学生进行处分，并向野口道歉。可是，校长和高桥老师好像更怕野口自杀未遂的事件被公之于众，所以在处理上优柔寡断。于是，对学校失去信心的父母直接告到教委，又向媒体叙述了事情的经过。

虽然事情并没成为震惊全国的大新闻，但光是登在报纸的地方版上，就够在我们这个小城市掀起轩然大波了。学校召开了好几次紧急全校大会和家长会，还让学生写关于“欺负事件”和“生命的可贵”的作文。二年级一班的同学，除了写这两样以外，每个人还要写五张稿纸的反省作文。——我不知道四张和五张有什么区别，但还是写了。这些作文在所有教师中传阅，让每个老师提意见，觉得认识不够深刻的，还要重写。

在野口父母的强烈要求下，我们二年级一班的所有同学都看了那份遗书。遗书的复印件上，“杀死我的三个犯人”这句话后面，写了三个人的名字，不过，现在被涂黑了。

有人说三个人里面，有一个是井上。还有人说梅田也是其中之一。因为这两个人都被教委的人叫去问话了，所以这种推测并非空穴来风。可是，还有一个是谁呢？大家纷纷猜测着，但是却都没有结论。不知谁说了一句：“难道是高桥?”虽然没人同意,但不知为什么,也没人再猜下去了。当然,那第三个人肯定不会是我。如果连我都榜上有名的话,那在我前面应该写上去的人太多了。因为我觉得,也许我的确算得上是“参与者”,但是,决不能算是“欺负者”。

野口的父母腾空了房子,把便利店也转给别人,搬到很远的一个小镇上去了。野口也转学了。自从他试图自杀后,再也没有来过学校。我们想去医院看他,想去给他道歉,却被他的父母拒绝了。于是,我们连一声“对不起”、“很抱歉”都没来得及说,他就在我们的眼前消失了。

进入十月份不久,野口的桌椅就被搬走了。差不多同一时候,全班同学的反省作文总算全部通过。自从报纸上登出野口自杀未遂事件后就一直请病假的高桥老师,也迫不及待地正式递交了停职申请书。十月的后半个月,高桥老师的语文课几乎都被班会所代替,让我们无休止地讨论欺负事件、讨论自杀、开读书会等等。

临时当我们班主任的教导主任,在十月底问我们:“差不多了吧?大家都深刻认识到自己的错误了吧?你们能不能发誓,以后都不会再犯了?”

我们大家都点了点头。

我们犯了严重的错误。野口很可怜。我真的这么想。我决不可以再欺负别人。而且,就算我被人欺负,就算被人欺负的想死,都不可以自杀。

“好。那么,从现在开始,在初中生活的后半期,我们也决不能忘记这件事,要好好努力!”

教导主任还告诉我们从十一月份开始,要来一个新的老师当我们的班主任,一直到高桥老师复职——他就是村内老师。

3

星期一的第六节课下课以后,我向办公楼的学生会教室走去。因为,今天是第一次开启“青鸟信箱”的日子。

半路上遇见了二年级二班的总务委员片山。于是我们一起走。他问我：“你觉得信箱里面会不会有信？”

“当然不会有啦。”我不假思索地回答，“那个信箱才放了两天半，要是有信倒奇怪了呢。”

片山和我并排走着，点点头说：“那倒也是。如果现在还有欺负问题的话，那就太离谱了。”

“你们二班怎么样？”

“我们班啊，嗯，还好……上个月情况有点儿紧张，不过现在好像没事了。”

二年级二班的几个女同学经常联合起来欺负另一个女同学，说她身上有股臭味，都不理她。所以当这个同学作值日生给大家盛饭的时候，她们就故意不吃。到了十月初，不跟她说话的情况蔓延到了整个班级。不过也许班级讨论和写作文有了效果，欺负人的那几个同学最近有所收敛了。

“可是，说不准什么时候又会开始呢。女生们都喜欢在背后搞小动作……”

“你们班呢？”片山说完，反过来问我们一班的情况。

“我们班……已经没有了。”

“真的没了？”

“……为什么这么问？”

“我听说，你们班的井上和梅田最近关系很紧张，好像还差点儿打起来了！”

我默默地点了点头。他说得没错。今天午休的时候，井上的小喽啰本多和梅田的小喽啰绵贯因为一点儿小事争吵起来。“怎么了怎么了！？你想干吗？”井上走到本多身后给他撑腰。于是，离得稍远的梅田插嘴道：“跟你没关系，给我闭嘴！”“跟你才没关系呢！”“吵什么！王八蛋！”……教室里的气氛变得一触即发，要不是第五节课的预备铃响了，都不知道事情会发展到什么地步。

“哦，不过，打架跟欺负人是两回事。”

片山好像很想说服自己，可是我说：“是一回事，因为我们班规定禁止打架。”

“啊？是么？”

“嗯……上个月，开班会的时候决定的。”

那次班会是由我主持的，教导主任也参加了。因为我们要把二年级一班变成友情第一的班级，所以不可以打架——几乎没有讨论，就全体通过了。同时还决定，大家都要多看到别人的长处，取长补短，共同进步。最后，教导主任站在讲台上，说："我们二年级一班，以后一定要成为东丘中学里最团结的一个班级！互相帮助，团结友爱，用实际行动来向野口君道歉。"

片山小声嘟哝着："不许打架啊……这可真是个好主意。"不过，那语气听上去并不觉得他是在表扬我们。

"你们班情况好像挺严重的。"

"……是啊，但也没办法。"

我们加快脚步拐过游廊的弯，看见下了课正回办公室的村内老师走在前面。

按这个速度走下去，半路上肯定会追上他的。我站住了，对片山说："对不起，我得去趟厕所。"于是回头往教学楼跑去。

我还从来没跟村内老师单独说过话。可是，我第一次见他的时候，就不喜欢他。我想，班里的同学们都跟我一样吧。村内老师的来到，是对我们的惩罚。我们是绝不会喜欢他的。

十一月一日，第一次来到二年级一班教室的村内老师，好像喉咙或者口腔里什么地方坏了一样，说话的时候非常结巴。井上呀梅田他们，大声地笑着。其他同学就算不笑，也低着头，一副又失望又为难的样子。就算是紧急救场，也找个稍微好一点儿的人来啊。——包括我在内，肯定有好几个同学都这么想吧。

他讲完话，站在讲台上，环视着我们。从教室的一端看到另一端，看得很慢，看了好几次。

他微微地笑了。这个看上去土里土气的小老头，说不定是个很温和的老师呢？——教室里的空气好像缓和了一些了。我想，说不定他根本不知道我们学校发生了什么事情吧。要是那样就好了。因为现在很多老师都对我们冷眼相待。

可是，村内老师把目光转向了阳台，像哼歌般地，小声地说："选择忘记，是懦弱的表现。"

他又把目光转向我们，这次，他大声说："我……是、是、是个结巴。不、不、不能流利地说话。"

笑声又大起来了。老师打断了笑声，继续说："但、但、但、但……是，我说的每、每、每……每一句话都、都、都……都是真心的。"

"就算再结巴，我也要把该说的话都说出来。"——老师结结巴巴地说。

这次，没人笑了。并不是老师的话打动了大家，而是大家都不知道该怎么办好了。

所以，也请大家认真地听。每个人都应该认真地听别人说的真心话。——所所所所所以、大大大、大家，每个人都都都都都、都应该，听听听听听别人，真真真真心话……他结巴得没完没了，肩膀上下一动一动地，呼哧呼哧地大口喘着气，注视着我们。"那个老师一直瞪着我们。"——后来，有几个同学这么说。我也这么觉得。而且，我觉得他只瞪着我一个人。

"因为，你们，没没没没有，好好听，别别别别人的真心话，因为，你们不懂，什么是真真真真心话……所以，我才来、来、来、来到这、这、这这这儿的。"

他是在说野口——。

大家也听出来了，因此，教室里变得鸦雀无声。

老师问坐在第一排的女同学安原，今天是谁值日。安原说是我和高木。于是，老师把我们叫到讲台上，命令我们把放在游廊上的桌椅搬到教室里来。

趁着我们去搬桌椅的时候，老师问安原，野口以前的座位在哪儿。当他知道了是在靠窗那一排从前数第三个座位时，便叫靠窗的同学们把那个位置空出来，每个人都往后移一排。

野口的座位复活了。

老师亲自把桌椅从讲台上搬了过去。搬好后，他满足地点点头，对着那个空空的座位说："野口君，欢迎你回来。"

教室里还是鸦雀无声。

好像是无法承受这种压抑的气氛，井上大声说："你这是在跟我们玩惩罚游戏吧?"

他的语气听上去好像是在开玩笑，但是掩藏不住心底的那股怒气。

老师，别这样——我心里想。事情发生以后，我们一直在反省自己的错误，在检讨自己对野口做过的事情。到如今，我们班好不容易可以重新开始了——因此，在这个时候，请您别这么做。

老师慢慢把头转向井上。

“这不是游、游、游戏。在人生活的这个世界上，根本就没有游、游、游、游戏。”

他笑了。那笑容很温和，可又带着些许忧伤。

所以——这，就是对我们的惩罚。

4

我上完厕所，刚进学生会教室的门，突然觉得胸口一阵痉挛。

刚才我特地躲开的村内老师，现在却出现在这间教室里。他并没有和生活指导部的老师在一起，而是一个人孤零零地站在窗边，双手抱在胸前，目不转睛地看着窗外光秃秃的银杏树。

各班的总务委员都围坐在会议桌前。片山朝我招招手，于是，我走过去，在他旁边坐下。

“怎么村内也来了？”我小声问片山。“不知道啊，”他也小声回答我。正在这时，生活指导部的部长石野老师和三年级的总务委员一起抱着“青鸟信箱”走了进来。

他们把这五个画着青鸟图案的盒子放在了会议桌的当中。

“那我们现在开信箱吧。”

总务委员长广濑学长从石野老师手里接过钥匙，将每个信箱盖上的锁逐一打开。

当大家都在关注“青鸟信箱”时，我却偷偷看了一眼村内老师的侧影。他还是双手抱在胸前，面向窗外，不过却把眼睛闭上了，似乎在思考着什么——看侧影像是在祈祷着什么。

“这是什么呀！”“这也太过分了吧?!”“这个也是！让人无法相信！”

听到三年级同学的叫喊声，我连忙把目光转回到桌子上。那五个信箱的周围，有五小堆垃圾。

有揉得皱皱巴巴的《学生会报》、有糖纸、有压扁的果汁盒和吸管、有粉笔头、还有擤过鼻涕的卫生纸，放在图书室门口的信箱里甚至还被扔进了图钉。

还有一张小纸片上胡乱写着："欺负万岁！"石野老师说，他要把这张纸拿到办公室去。也许是要在教师大会上让老师们认笔迹，把"犯人"找出来吧。

"哎，这个，怎么办？"

三年级的一个女生，手里拿了张小纸条给我们看。听说是塞在电梯口的信箱里的。这张纸条叠得整整齐齐的，上面的字是用电脑打出来的。

广濑学长念道："讨厌某个人，算欺负吗？还是应该说，喜欢某个人也好，讨厌某个人也好，都属于个人自由，不算欺负？"

这是谁写的呢？是欺负别人的同学写的？还是被别人欺负的同学写的？或者都不是？没有人知道。

我又看看村内老师。他还是闭着眼睛，不过眉头稍稍皱起，看上去心情比刚才差了——好像是在为什么事烦恼。

广濑学长把纸条递给石野老师。石野老师的喉咙咕噜响了一下。他反复看了几遍纸条，然后和其他老师交换了一个眼神，说："这个，先放在我这儿。"

我举起手，叫了一声："石野老师……"话说出口之后，我才发现，自己根本没有经过思考，完全是无意识地举起手，张开嘴的。

"你是几年级几班的？"广濑学长问我。"我是二年级一班的园部。"我答道。这时，我看到石野老师的表情变得有些僵硬。

"老师，请您告诉我，"我说，"讨厌某个人，算不算欺负？"

"……这个，是你写的？"

"不是……可是，我想知道答案，请您告诉我。"

石野老师皱了皱眉头，稍微想了想，严肃地说："这也算欺负。如果大家都讨厌一个同学，不理他，或者故意捉弄他，那就应该算欺负。"

"可是，如果是一个人呢？"

"嗯？"

"一个人，只是在自己心里讨厌某一个的话，那应该不算欺负吧？"

石野老师面露不快，说："也许最开始的时候，只是自己心里这么想，可是，不久便会体现在态度和行为上。一个人变成两个人，再变成三个人、四个人，这样的话……”

是这样吗？

大家要团结，不许打架——

不许讨厌别人——

真的是这样吗？

“那，老师您没有讨厌的人吗？”

石野老师的脸色变得更难看了，说：“没有。作为一个老师，怎么能对学生挑三拣四的呢？”

“那除了学生以外呢？在大人中，您有没有讨厌的人呢？”

“喂！……你们二年级一班，写了那么多反省作文，难道就只记住了这些歪理吗！？”石野老师恨恨地低声说。

广濑学长像是调停劝解般的，赶忙说：“这个问题，我们《学生会报》出一个特辑来讨论吧。让大家把自己的答案投进(青鸟信箱)，然后再在学生会总会上讨论，好不好？”

不好。这个答案不是能讨论表决出来的，也不应该是写几条理由就能说清楚的。我想问的不是这种问题……

于是，我探出身，说：“可是……”

“园部君，算了，别说了。”村内老师说。不知什么时候，他已经睁开眼睛，把身体转过来，看着我。

“你、你你你你你、你……错了。”

为什么——？

“可、可可可是，大家，也错了。”

听了这话，石野老师不满地瞪着村内老师。

“大家都错了。不、不过，园部君，现在，说的是真心话。所以，大、大大大家，也必须，认、认认认真听。”

他是在袒护我？还是在表扬我？我不知道。可是，接着，他很结巴，但是很认真地说：“欺负……”他像在教室里一样，环视了一下整个房间，然后接着说：

“讨厌某个人，并、并不算欺负。欺负……也和人、人、人数的多少，无关。如果、你、伤害了、别、别别别、别人的感情，让别、别别别、别人痛苦，而你自己、却没意、意意意识到，也不、不、不不不想、听他、伤、伤伤伤、伤心的哭声，那这就是欺负……”

他每结巴一次，都要皱一下眉，艰难地喘着气，身体僵硬着，下巴像痉挛似的哆嗦着。

他是在说真心话，我想。真的，我知道，这个老师，他现在所说的每一个字都是真心的。

石野老师还是一副不满的样子，好像想张嘴说什么。这时，广濑学长也许是不想再听这些结结巴巴的话了，于是为难地笑了笑，想说点总结性的话，然后赶紧结束这一切。

可是，我不想让别人说话，无论他想说什么。

我的两只手使劲按着桌子，猛地站起来，差点把椅子都弄倒了。

在我想好要说的话之前，我伸手指着那些“青鸟信箱”。突然，我想起来自己要说什么了。

“……我，我讨厌这个信箱！”

说完这句话，我一下子冲了出去。

我回到空无一人的二年级一班的教室里，整理好回家的东西以后，呆呆地看着野口的座位。

那些把信箱取名叫“青鸟信箱”的家伙们，他们到底知不知道《青鸟》的最后一个场景？代表幸福的青鸟，的确，就在我们的身边——就在吉琪和美琪家里。可是，当他们俩发现这件事时，青鸟已经从鸟笼里飞走了。留在两个人身边的，只有一个空空的鸟笼。

留在我们教室里的，也只有空空的野口的座位。

不，其实，本来我们连他的座位也没有。要不是村内老师让我们把他的桌椅搬回到教室里来，那家伙就在我们的面前悄无声息地消失了，不见了。

“饶了我吧。”他说。“别耍我了。”他说。“真的不行啊。”他笑着说。

可是，他哭了。他痛苦地哭过，叫过。他一直都在我们看不见的地方流泪，在我们听不见的地方哭喊。可是，直到现在，我才终于意识到——“饶了我吧”那个做滑稽相逗大家开心的野口的声音，并不是笑声，而是哭声。

我注意到门口站了一个人，也听到那人慢慢踱进教室的脚步声。那脚步声在讲台的当中、讲桌的前面，停下了。

我用校服的袖口擦了擦眼角，向讲台看去。

“……老师。”

我发现自己的声音很细，而且还在发抖，但我还是继续说下去：

“您为什么要把野口的座位留在教室里？”

村内老师的脸上浮起一个微笑，说：“就这么把他、他他他他，忘了，那也太、太太太、太绝情了吧？”

“……为什么，您每天早上，都要跟野口的座位打招呼？”

“因、因为，野口君，他、他他他、他想留在这儿，可、可可可是，又没能留下……他、他他他，其实很想一、一直坐在这、这这这个教室里……所以，我每天，都叫他、他他他的名字，一直叫、叫叫叫下去。”

“您这样有什么意思呢？”

“大家，以前，都、都都都、都欺负他、轻视他、没去想、想想想、想过他、他他他、他的感受。所、所所所、所以，现在，在全班同、同同同、同学中，我最、最最、最重视他。”

“可是，他已经不在这里了啊。你再为他做什么，他本人也不知道啊。”

“是啊。”

“那为什么……”

“野口君，虽、虽虽虽、虽然不在，可、可可可、可是你们在啊。我想、想想想、想在你们面前，对、对对对、野口君好一些。”

“所以，你就惩罚我们？”

老师愣了一下，不过，他马上又笑着摇了摇头。

“不是惩罚吗？你不就是为了让我们不要忘了野口，才这样惩罚我们的吗？”

老师又摇了摇头，说：“不，不是惩罚。”

“那是什么？”

“是责任(sekinin)。”

老师在发“sa”行的假名不口吃。所以，他说的“责任”这两个字，很清晰地，一下子就钻进我的耳朵深处去了。

“野口不会忘、不会忘了你们。一辈子也忘不了。不管是恨也好，讨厌也好，原谅也好，反正，他是绝对不会忘的。”

“……嗯。”

忽然我觉得一阵耳鸣。鼻子里面和眼睛里面连接的地方麻麻的，热热的，本来应该听起来结结巴巴的那些话，现在却不可思议地流畅地进入了我的耳朵。

大家做了让野口一辈子都忘不了的事。所以，如果大家想把这些忘了，那就是不负责任的表现。这不公平吧？所以，不可以忘了他，也不可以忘了你们曾经对他做过什么，一辈子都不能忘。这是一种责任。不管有没有惩罚，也不管这是不是罪过，自己一定要对自己做过的事负责……

我们反省过，后悔过，虽然他本人不知道，可我们在作文里，在心里，都无数次地向他道歉过。可是，这好像跟“责任”不太一样。

“不可以忘记，”老师重复地说着，“不要忘了野口，不要忘了，你们曾经对他做过的事。”

我没有忘。现在还记得。今后也不会忘。“饶了我吧”——他哭着说。野口真的哭过。现在的我才明白这一点。为什么？为什么那个时候我没有觉察呢？他遗书上写着的，第三个人的名字，是我。我欺负过他。我没有听到他的痛哭，我笑他滑稽的样子，这些，都是对他的欺负。

我趴在桌子上，眼睛紧紧地压着胳膊。渗进校服袖子的湿湿的、温热的液体，瞬间流到了胳膊上。

“老师……”

“什么事？”

“怎么做，野口才会回来？如果我们跪在地上，拼命向他道歉，他会不会回来呢？如果我们诚心诚意地写封信给他，赔钱给他，任他打也好踢也好……这样，他是不是就会原谅我们，就会回来呢？”

老师说，让我不要忘记现在的心情。但是，他没回答我，野口会不会回来。

我还是趴在桌子上，吸了吸鼻涕，又咳嗽了几声，用两只脚不停地跺着地板，说：“老师，你没见过那家伙，你不知道，他总是笑着跟我们说，别闹了，饶了我吧。他要是认认真真地跟我们说，他不愿意做那种事，他要是干干脆脆地拒绝我们，那我们也会明白的啊。可是，那家伙为什么……为什么总是笑呢，他总是笑，结果吃亏的还不是他自己吗？为什么要笑呢？莫名其妙嘛……我是傻、是笨，可是，你不觉得他比我还要傻，比我还要笨吗！？”

说到一半，我又哭、又笑、又气。不知道是对自己，还是对野口。于是，我更使劲地跺着地板，膝盖不停地碰在课桌下面，嘎哒嘎哒的，很刺耳。

老师轻轻地、用像是要融化在笑意里的声音说：

“人分很多种。有像老师这样，说话不流利的人。也有像野口君那样，非要开着玩笑才能说出自己真心话的人。所以，什么样的人都有。”

“……是吗？可是，你不先说出来，我怎么会知道呢！？”

“所以，我说不可以忘了野口君。如果下次再遇到野口君这样的朋友，你知道该怎么做了？下次，你应该能听清楚了吧？”

我还是跺着脚，吸着鼻涕。校服的袖子，已经湿透了。

别忘记哦！

我沉默着，更激烈地跺着脚。老师的声音，应该是结巴的，结巴得让听的人都觉得难受。现在，他的声音消失了，他说的话也消失了，只有他的真心，深深地感染了我。

我听到了脚步声。老师走出教室了。我还是跺着脚，一直跺着。

5

十一月终于过完了。

“青鸟信箱”里装的，仍旧是一些纸屑、垃圾。有时候会有几张潦草地写着“欺负永远都不会消失的”或者“自我满足”这样的小纸条。石野老师把这些全都拿到办公室去了，可是，写这些小纸条的人，一个都没找出来。

“讨厌某个人，算欺负吗？”写这句话的人，也没找出来。从那以后，信箱里也没有出现继续追问这个问题的小纸条。

“弄了半天，这个人就只是随口问问而已啊。看来，这也算不上什么具体的问题，不管它了。”

广濑学长像是在说服自己似的，不想在这个问题上再纠缠下去了。在《学生会报》上发起提问，然后大家讨论的这个主意，也不了了之了。反正也无所谓，因为我已经知道答案了。村内老师在那天，告诉我了。

伤害别人，使别人痛苦，这就是欺负——。

没有意识到自己使别人痛苦了，没有听到别人痛苦的叫声，这就是欺负——。

本来我也想提议把这两句登在《学生会报》上。不过，我什么都没说。顶撞石野老师、否定“青鸟信箱”、狂妄自大的一个二年级的同学——广濑学长和其他三年级的总务委员们都不理我了，也都避免跟我的视线接触。喂，学长们，如果因为这样，让我痛苦的话，你们这就构成了欺负行为啦！——我心里偷偷地笑着。这是随时都可能变成生气的、也随时都可能变成哭泣的那种笑。

村内老师后来再也没在学生会教室出现过。听说石野老师在教师大会上发言的时候说：“希望和生活指导部无关的老师不要进去。”不过，我不知道这传言是真的还是假的。

二年级一班的教室里，从早上到下午放学，一直都弥漫着很不融洽的空气。这都是因为井上和梅田的白刃交锋，已经到了一触即发的地步。

“在这么下去，我可忍不了了。那个梅田，实在太过分了。倒数还有两秒，我非解决了他不可。”

井上午休的时候站在阳台上，抢先为自己辩解：“禁止打架，什么破规矩啊？学生守则上又没规定，是吧？有本事就单挑，看我怎么收拾他！”说着，他用右手的拳头狠狠砸在左手的手掌上。

“想打就打呗。”我笑着点点头说。不管井上和梅田谁赢都好，只要不让输的那一方感到痛苦就行。赢的那一方干什么都行，只要不伤害输的那一方就行。大家都明白，禁止打架、禁止讨厌别人，这是不可能的。大家也都知道，一个班级里所有同学都是好朋友，这种班级全日本都找不到一个……可是，打架和欺负是不一样的。其实，谁都明白，被欺负的那个人是决不会反抗的。

“好，连你这个总务委员都同意了，你也知道，我这个人要是被逼急了，一定会跟他好好打一场架。”

“井上，问你件事。”

“什么事？”

“你和梅田在欺负野口的时候，关系还算马马虎虎吧？”

“嗯，还过得去吧。”

“那你们可真差劲。”

井上“嗯、啊”地应着，差点儿顺着我的话说下去。不过，他忽然反应过来了，做出一副恶狠狠的样子对着我：“你说什么！？”我赶忙说：“我说咱们大家呢，大家都差劲。”他听了，“嘿嘿”地讪笑了几声，轻轻点了点头。

无论在教室的哪个角落，无论在干什么，无论自己愿不愿意，我都会看到野口空荡荡的座位。那个座位好像在无言地提醒我们，别忘了野口，别忘了你们自己曾经做过的事。

可是，我已经不觉得这是惩罚了。我回忆起野口坐在那个座位时的情景。如果野口现在还坐在那儿的话……想这些不可能发生的事，是我们的责任；内心充满痛苦的回忆，变得不开心，不能开怀大笑，也是我们必须背负的责任。

十一月过半以后，关于野口的遗书又有了新的传言。据说，那第三个人的名字是“其他所有的人”。没有人相信，但是，也没有人否定。

《青鸟》中的吉琪和美琪，是不是也很珍惜那只空空的鸟笼呢？故事只说到鸟儿飞走就结束了。他们很难过，因为他们好不容易找回来的鸟儿又飞走了；他们在等待着它的回归；他们后悔，后悔自己这么晚才发现原来这只鸟儿就是幸福的青鸟；他们每天每天都去看那个空空的鸟笼——这个最后一个场景之后的场景，清晰地浮现在我眼前。

“井上，你有没有想起过野口？”

“……嗯，偶尔吧。”

“你觉得他在新的学校，能找到好朋友吗？”

“当然可以啦。那个学校的家伙们肯定比咱们好一百倍、一万倍吧。”

井上缩了缩肩膀，说了声：“噢，好冷！”转身进了教室。这个季节已经不能在阳台上站太久了。从学生会室的窗户看出去，银杏树的树叶也全都落光了。

我也跟着井上进了教室。看了一眼野口的座位。还是空空的，阳光透过窗户射进来，在他的座位上投下一块小小的光环。

十一月三十日，第六节课本来应该是社会学，而走进教室的却是村内老师。

“老师，这节不是语文课呀。”坐在前面的女同学诧异地说。

村内老师却笑着回答：“我知道，我知道。”说着，他从手里提着的纸袋里拿出厚厚一沓稿纸，放在讲桌上。然后，又从同一个纸袋里拿出了几沓崭新的稿纸，放在旁边。

“这是，我、我、我给你们上的，最、最最最、最后一课。”

开始，大家都还没反应上来，“什么？最后一课？”井上冲口而出。于是，教室里一片哗然。

“高、高高、高桥老师，明天，就、就就就、回来了。所以，我、我我我，今天最后一天。”

你说什么？——

我差点叫出声来。骗人的吧，别开玩笑了——我想站起来说。

自从那天以后，我再也没和村内老师单独交谈过。可是，每天早上，当他对着野口的座位说“早上好”时，我也在心里默默地对野口说“早上好”。我想一直一直这样下去。

老师要离开这里了。像《青鸟》故事里的鸟儿那样，到远方去。

教室里还是一片嘈杂声。我想，大概只有我一个人这么想吧。其他同学都好像松了一口气，跟座位附近的同学们闲聊着。

“因此……最后这节课，在写作文之前……我有样东西，想让大、大大、大家看看。”

他两只手捧着那沓厚厚的稿纸。那些稿纸每几张用订书机订在一起，大概有三十几份。

难道是……我还没来得及细想，只听他说：“我都是背面朝上发给大家的，在我说可以看之前，大家都先别看。”然后，便从靠窗一排开始发了。每个人一份。他还一边发，一边笑着说：“我都事先按座位顺序排好了。”我想，大家都猜到了他发的是什么，因此，谁都不说话了，静静地低着头。

发完了作文，老师回到讲台上，说："刚、刚刚、刚才我发的，是大、大大大、大家上个月写的，反、反反、反省作文。如果觉得，自、自自、自己的这篇，不、不不……不用改了，那就，请、请请、请拿上来，交、交、交给我。如果觉得，想、想想、重写的话，那就到、到到到、到我这儿来，拿、拿拿……拿新的稿纸。"

教室里变得鸦雀无声。

"现在可以看了。"老师说。可是，却听不到大家翻开作文的声音。

全班同学都盯着眼前背面朝上放在桌子上的作文，默默地看着纸背上透出的字迹。

突然，我听到教室后面，传来粗暴地拉椅子的声音。

是井上。他桌上的作文还是背面朝上。只见他嗵嗵地大步走向讲台，好像是赌气似的，对老师说："我只写一张，行不？"而手上却明明拿了五张新的稿纸。

井上回到座位上以后，梅田站了起来。他看上去情绪比井上还要差，走到讲台前，拿了几张稿纸回到自己的座位。而他桌上的作文，也还是背面朝上。

然后，大家一个接一个的，都向讲台走去。没有一个人打开自己以前写的作文。

村内老师一声不吭，站在讲台的一端，只是默默地，看着大家把作文纸拿回去。

我也没看以前的作文就走向讲台。我感到自己的脚步轻飘飘的，大腿的外侧还有好几次都撞到了别的同学的课桌上。

我拿了五张稿纸——把稿纸撕下来的时候，我的手指被稿纸的边缘划了一下，我感到一种尖锐的刺痛，同时，心里涌上了很复杂的感觉。于是，我赶紧使劲睁大眼睛，咬住了嘴唇。

我看着老师，他也看着我。我们的目光相遇了。他默默地，对我笑了笑。

我把以前的作文放在一边，打开了新的稿纸。透过以前作文的纸背，我看见上次作文的最后，写着"我心里面想"五个字。可是，我已经完全不记得，我当时想过些什么。

但是，我将会永远记住我接下来要写的这篇作文。永远不会忘记，我想了些什么，写了些什么，一辈子都不会忘。

我看了看野口的座位，轻轻地点了点头，拿起了笔。

无声的乐队

1

最近，我经常想起小拖。

他是我小学时的同班同学。一毕业全家就搬走了，所以自从上了初中以后，我就再也没见过他。

我和他算不上是朋友。他是男生，我是女生。从五年级开始，在一个班级里做了两年同学，可我们说话的次数却屈指可数。不见面也不会想，其实，本来就没什么好想的。

可是，他的脸却会突然浮现在我的脑海里。记忆中的小拖总是笑着。高兴地、开心地、滑稽地、大声喧闹着，嗵嗵地在教室和走廊上奔跑嬉闹……老师和同学们就算看见他也当做没看见似的。

小拖姓“所(tokoro)”。——当老师问我们为什么要给他取“小拖”这个绰号时，我们说，省掉 tokoro 当中的 ko，就成了 toro，发音跟“拖”很像，所以就叫他“小拖”。其实，是因为他干什么都蠢蠢的，笨笨的，拖拖拉拉的，于是大家就叫他“小拖”。

可是，小拖并不完全像他的绰号所形容的那样。他的愚笨拖拉只体现在学习上，除了学习以外，可以这么说——除了脑子以外，他的身体总有某个部位是处于活动状态的，以至于他从来都不能老老实实地在座位上坐上一会儿。

上了初中没多久，我就听说小拖他们搬家并不是因为他爸爸工作上的原因，而是因为他们家人要把他送进一所特殊的学校去(这样说也许不太好)，因为那所学校里，全是像小拖那样的孩子。

不知道这个传言是不是真的。不过，当我的脑子里浮现出教室里的学生们，有的在走来走去，有的在乱蹦乱跳，有的对着墙壁踢啊踩啊，有的把桌椅弄得嘎嘎响，有的在大声唱歌，有的在地上打滚，有的用手把纸撕成碎片……当这样的情景浮现在我脑子里时，我就会觉得，小拖好幸福。我好想跟他说，他去那个学校是最最正确的选择。

幸亏他没来我们这个学校。

我也想去他们那个学校上学。

从上个星期开始，我们班主任盐屋老师就没来学校了。据说是因为住在乡下的母亲身体不好，她请了假回去照顾。不过，这是一个借口——我们一年级一班所有同学都知道，所以，我也知道。

“消失了，盐屋。”

小绫笑着说。

“啪地一下消失了，啪地。”

她边说边打着手势。在说到“啪”这个字时，把本来握在一起的五根手指突然张开。围在小绫旁边的同学都哈哈大笑，我也笑了。

可是，小绫突然把脸一板，正色地看着我，问：“很有趣吗？中山桑，刚才我说的话真的有趣得让你发笑吗？”

明明大家都笑了，可是小绫只问我一个人。旁边没别人的时候，她总是叫我“聪美”，而在大家面前，她就会叫我的姓，并在后面加上“桑”。这种叫法听上去很冷淡——和小绫经常在一起以后，我才明白这一点。小绫坐着，我站着。从下往上看的眼神比从上往下看更冷淡——这一点，也是我和小绫经常在一起以后才明白的。

我慌忙想该怎么回答她。

想自己的答案——不，应该说，是想小绫想要的答案。

“当然很有趣啦，有趣得让我笑得想停都停不下来！”

真的真的，绝对是真的，我对自己说的话不断地点头。

可是，小绫还是板着脸，一脸认真的表情，说：“你觉得什么地方有趣？连我自己都不知道，你告诉我。”

“就是……手指，啪地一下张开的时候，那个时间掌握得很好，角度也……很好。”

哼！小绫什么也没说，只是点了一下头。哦，那个地方啊，哼！

我学着刚才小绫的样子动了动手指，觉得自己的声音变尖了，手也有些发抖。也许我的回答很失败，也许，这并不是小绫想听的答案。

小绫哼了一声，重重地点了点头，然后像是要跟我划清界限似的说："中山桑，连这个都觉得有趣啊，你的智商也太低了吧。"

我觉得自己的脸腾地一下涨得通红。

"不过，也说不定是中山桑你觉得我刚才的样子像个傻瓜，所以才笑的？"

我慌忙摇头。"不是不是，怎么可能呢。"我不停地说。

"我想也是。"

小绫的脸色终于缓和一些了。她把目光从我身上移开，抚着胸口说："刚才我真的吓了一跳呢，要是中山桑把我当傻瓜一样嘲笑，我该怎么办呢？"

大家又都哈哈地笑起来。她们笑的时候，脸朝着小绫，用眼角瞟着我。我也只好"嘿嘿"地小声笑着。低着头，弯着腰，"嘿嘿、嘿嘿"地笑着。

"我刚才真的有点儿怕呢。因为我确实觉得没什么好笑的呀。"小绫说。对着大家——除了我以外的所有的人。

大家又哈哈地笑了。

一、二、三。

数到"四"时，我把头抬了起来。

"小绫姐，我怎么会当你是傻瓜呢？"

小绫愣了一下，反问我："嗯，这我知道。那又怎么样？"

"那……所以……"

"那个话题已经结束了。"小绫毫不客气地说，"上次的英语作业……"她转过脸去，对别的同学说起别的话题，再也没有看我一眼。

一到课间休息的时候，大家就都围在小绫的座位周围，说笑聊天。刚入学没多久大家就形成了这种习惯，到了第二学期的现在这个时候，班里几乎所有的女生都加入了。

小绫长得非常漂亮，也非常聪明。因为我们是同一所小学毕业的，所以她的事我知道一些。当我听说她没考上私立中学的时候，吃了一惊。当我又听说她参加降低要求的复试时，因为身体不舒服，又失败了的时候，就更加吃惊了。

进了初中以后，小绫的成绩理所当然地名列前茅。上课时，她也总是问一些和课本无关的难题，连一些很有经验的老师都回答不了。老师们没办法，只能避重就轻，或者岔开话题，或者说回去查查，下节课再回答。我们则在一旁幸灾乐祸地看着老师们被问得哑口无言的样子。老师走出教室以后，小绫就会笑着说："那家伙，太没水平了！"每当我看到这种情况，总是在心里想，小绫的样子好酷啊！

第二学期开始没多久，班主任盐屋老师就批评小绫，让她不要再问跟课本无关的问题。盐屋老师还很年轻，才刚从女子大学毕业两三年。一定是其他老师拜托她让她想想办法的吧。

可是，小绫却像早有准备似的，指着贴在黑板旁边的标语。

任何事都可以说　任何事都可以问　樱之宫中学的所有老师都是和你们站在同一立场上的伙伴——标语上写着。这是几年前因为校园欺负引起自杀的现象成为社会问题的时候，在教职员工大会上定下来的口号，现在贴在每个教室里。

"难道不是问什么问题都可以吗？难道你不是我们的伙伴吗？难道只能问你回答得了的问题吗？"

"别说这些歪理！"盐屋老师生气了。而小绫却毫不动怒，笑嘻嘻地、满不在乎地说："明明你不对，还发脾气。"下课后，她对我们这些围在她座位旁的人宣布："看我怎么废了她！"

开始我以为她是开玩笑的。而且，我不喜欢她说话的那种语气。

从那时起，我就觉得和小绫在一起很累。不是讨厌，也不是麻烦，就是——累。

可是，为时已晚。不知从什么时候开始，在我们班女生的世界里，如果你不是小绫圈子里的人，就会被大家疏远。有一个男生曾经说："小绫姐的帝国，好厉害！"——关系好的同学之间，大家都只叫对方名字，只有对小绫，我们在她的名字后面加上"姐"——叫她"小绫姐"。

盐屋老师成了小绫姐帝国的敌人。

开班会或者上课的时候，不管老师说什么，大家都板着脸，面无表情。即使被老师点到回答问题，也只说："我还没想好。"小绫姐帝国所有的人，都是这样做的。

小绫则经常到教师办公室去,问盐屋老师以外的别的语文老师问题。而且,每次都会加上一句:“因为盐屋老师讲不清楚,我才不问她的。”

盐屋老师的忍耐也到了极限,她在班会上说:“如果大家对我有什么不满的地方,不妨坦率地说出来。”

“她肯定会说这种话!”小绫早就预料到了这一点,因此她的帝国无论攻守都无懈可击。大家都按照小绫所说的那样,面无表情地互相看看,装作听不懂老师的话似的。

我也这样做了。

作为帝国的一员——就要像个臣民的样子。

好累,我觉得。我并不是想袒护老师,或者同情老师,只是觉得累。

就在那个时候,我想起了小拖。

2

听说,盐屋老师的个人资料被挂在了网上。听说,在买春网页上有她的照片、姓名和学校的名字。还听说,这件事已经闹到了教委,所以盐屋老师才不得不请了长假。

都是从小绫那儿听来的。

“这个世界真可怕,盐屋也够可怜的。说什么要照顾妈妈,明摆着是个借口嘛。这样一来,越发觉得她可怜了。”

小绫做出一副担心的样子,而且看上去好像是发自内心的担心。所以,即使大家都觉得是小绫干的,但是谁也没说。

“说不定,是中山桑把这些东西挂上网的呢!”她突然指着我说。

“其实啊,越是像中山桑这样看上去老实巴交的人,才越有可能做这种事!”她笑着说。

“真的？”“说不定真有可能呢！”——大家也都笑着附和。

她们只是开玩笑，我只要也笑笑就没事了。——虽然我心里这么想，可是，我还是笑不出来。错过了反驳的最佳时机，我的表情就僵在那儿，眼睛也不知道该看哪儿，于是只好低下头。

一、二、三。

我抬起头。

“我怎么可能做那种事呢！？”

嘿嘿，她们笑。

小绫不耐烦地说：“你竟然当真了！？中山桑，你反应也太慢了吧，真扫兴。”

大家又都笑了。小绫跟我的目光对视着，然后她好像有几分为难地说：“这么一说我想起来了，中山桑上小学的时候，音乐方面差劲得很，完全没有节奏感，竖笛也吹不好。”

我该怎么办——？

该怎么回应她——？

可是，小绫根本没容我细想。她说了句“反正现在也无所谓啦”，就换了个话题，去跟别的同学聊天了。

真的好累。真的，好累好累。怎么还不放学啊。——从进学校的那一刻起，我就一直想着。

那天放学后，和往常一样，我跟小绫两个人一起回家。

我们班只有我和小绫没参加课后的社团活动。我是因为体育不好才没参加，而小绫虽然体育很棒，但是她说不想看这些公立中学的前辈摆臭架子，所以也没参加。

因此，我们俩每天下了课就一起回家。路上，小绫对我的称呼就变了。她不叫我“中山桑”，而是像小学时候一样，叫我“聪美”。只要旁边没有别人，她对我的态度还不算太冷淡。

我不知道为什么旁边有人的时候和没人的时候她对我的态度不一样，也猜想如果放学路上有哪个同学跟我们一起回家的话，她就会变得对我很冷淡。但是，我们俩单独在一起的时候，我不觉得累——这就行了。

“盐屋第三学期也不会来了吧。我想她就算来了也是白搭。”

小绫说话的语气，像是个正在给病人诊断病情的医生。

“如果她回来，你还会继续欺负她？”

我这么一问，小绫撅起嘴，生气地说：“别说得那么难听，我哪儿欺负她了！？再说，她是大人呢！”

“……嗯。”

“还有，她不但不跟咱们同一立场，而且我问她问题，她还要发脾气，简直就是我们的敌人嘛，哪儿有资格做老师啊。还不如趁着年轻早点转行呢。她不适合做老师。咱们只是在事情还能挽回的时候，告诉她这个事实而已，其实说到底，还不是为了她好！”

小绫说话的节奏感非常好。虽然她语速很快，但是吐字很清晰。听说她幼儿园就进了儿童剧团，只是小学三年级的时候，因为同龄的一个孩子比她早上电视，所以她就退出了。

“好了，别管那个盐屋了，还是期待一下接替她的老师吧。”

“有人来接替她吗？”

“为什么没有？反正闲着没事干的临时代课老师多得是呢。”

现在是十一月中旬，离第二学期结束只有一个多月了。其他班的班主任或者语文老师来接替一下盐屋老师的课不就行了嘛。——我心里想着，但是没说。因为小绫最讨厌别人跟她唱反调。

我跟她说起以前的事。

“你还记不记得小拖？六年级二班的那个男生。”

“嗯，记得。”

“你知道他现在住在哪儿吗？”

“我怎么会知道！”

“那倒是的……”

“问一下佐野大妈不就知道了吗？”

六年级时候的班主任——一想起佐野老师的脸，我的表情就变得像吃了黄连一样。

“小拖怎么了？”

“没什么，只是我最近老是想起那次音乐会。”

“什么音乐会？”

“就是咱们第二学期结束的时候，不是在礼堂开过一次音乐会吗？你不记得了？写生大会和音乐会轮流隔年举办的。那一次，咱们班的节目是《溜冰圆舞曲》。”

小绫点着头说，啊啊，想起来了，是有这么回事。可是，这跟小拖有什么关系？

才只过了一年，小绫就把音乐会的事儿忘得差不多了。我惊讶于她的健忘，但更羡慕她的健忘。

回家后，我进了自己的房间，打开了写字台的抽屉，里面有一个响板。它是我上小学的时候在音乐课上用过的。一片涂着红漆，一片涂着蓝漆——漆皮有些剥落了，木片也伤痕累累，套手指用的塑胶绳曾经断过，现在这个是后来妈妈帮我换上去的。总之，是个很旧的响板。

这个响板是暑假家里大扫除的时候，在上小学三年级的妹妹的玩具箱里发现的。虽然它留给我的回忆并不美好，但当妹妹说要扔掉它的时候，不知为什么，我觉得自己好像也和它一起被扔掉了似的，于是把它留了下来。

偶尔，我会随意啪嗒、啪嗒打几下。有时，也会合着圆舞曲的节奏，啪嗒、啪…啪、啪嗒、啪…啪地拍打一会儿。

今天也是这样。

我把响板套在左手的中指上，红的一片在下，放在手掌上。记得小学一年级刚开始用它的时候，觉得它好大，可是现在，我看着它竟哑然失笑——好小啊。这哪儿能算是乐器呢，明明就是个玩具嘛。

可是，就是这个像玩具一样的小东西，让我在小学临毕业前，有了一段想起来就肚子疼的回忆。

啪嗒、啪…啪、啪嗒、啪…啪。

我把右手盖在蓝的那片上，敲了敲。响板发出了尖锐而干涩的声音。

啪嗒、啪…啪、啪嗒、啪…啪。

我脑子里一边想着《溜冰圆舞曲》的旋律，一边敲打着手里的响板，啪嗒、啪…啪、啪嗒、啪…啪。

现在觉得挺简单的一件事，可当时就是怎么也打不好。第一个“啪嗒”总是跟不上大家，慢半拍。于是越怕失败，就越紧张，结果连右手也不受控制，啪嗒嗒嗒地乱拍一气。

到现在我都清楚地记得，那时我一看到担任指挥的田中君拿着指挥棒，摆好姿势的样子，心就扑通扑通跳个不停。“真没意思，搞什么嘛，什么破音乐会啊。”——在小绫看来不值一提的那次小小的活动，我却至今无法忘记。

小拖——你现在好吗……

每隔一年举行一次的音乐会，采取的是班级对抗赛的形式。我们六年级二班的班主任佐野老师的专业是音乐，所以大家都觉得我们班最有可能夺冠。

可是，小拖在我们二班。我们五年级的时候，举办的是写生大会，是对个人的评选。而这次的音乐会，必须要全班同学一起合奏。这对一刻也静不下来的小拖来说是不可能的。所以，只要有小拖在，我们二班就不可能拿到冠军。

佐野老师先给同学们按照演奏的乐器分组。乐器有木琴、竖笛、键盘口琴、三角铃和响板。按照这个难易顺序，老师让乐感好的同学演奏难的乐器。小绫分在木琴组。其他女生也基本上都分在竖笛组和键盘口琴组。所有这些乐器中，响板是最简单的，只要啪嗒、啪…啪地反复敲击就行了。我们班只有一个女生分在这个组——这个人，就是我。

我不擅长音乐。虽然我喜欢唱歌，爱听好听的曲子，也能一个人在自己的房间里享受吹竖笛的乐趣，可最怕唱歌测验和合奏。每当那个时候，我的心就扑通扑通地跳个不停，喘不上气，手指发抖，腿脚也发抖，心里一遍一遍数着一、二、三、一、二、三，可就是会失败。开头没开好的话，后面就全乱套了，按错了竖琴的孔啦、声音发抖啦、跑调啦……

老师按照乐器把同学们分好组，然后让同学们自己选各组的组长。

“来，响组的同学到这边来。”

老师把“响板”，简略地说成“响”。我们组有三个男生，再加上我。这三个男生都是调皮捣蛋的孩子，当然，小拖也是其中之一。

可是，正式演出的时候，我和小拖都没有出现在响组。小拖成了竖笛组的第十一个成员，而我则坐在礼堂的观众席上。我看见他站在当中那排从左数第三个——这是最不起眼的位置，满脸通红地吹着竖笛。

一想起那天的事，我的肚子就会神经质地疼起来，胸口发闷，还想吐。

即使现在，不，应该说，因为现在。

因为现在和小绫在一起觉得很累，所以原本已经淡忘的那天的事又渐渐变得鲜明了。我觉得胸口上好像压着一块重重的东西。

小拖。

你——还好吗？

3

第二天早上班会的时间，教导主任宣布今天要来一个新老师，代替盐屋。

"新来的老师叫村内。语文课也由村内老师上。"

"老师，请进。"伴随着教导的声音，走进教室的是一个小老头。小绫的预言没错。大家纷纷嚷着"真扫兴！""还不如盐屋老师呢！"整个教室里都充满了失望的声音。

可是，当村内老师开始发言的时候，教室里却变得鸦雀无声了。

不是因为我们被他的话语感动了。也不是因为老师不让我们说闲话，所以我们就不敢说。而是因为我们都呆住了、愣住了，不知道该怎么办好了。

村内老师不能很流利地说话，总是结巴。而且，不是绊一下那种轻度的，而是像摔了个跟头那样，是非常严重的结巴。

"从、从、从、从今天起，我、我、我教大家语文，是、是、是、是你们一年级一班的班主任——"

结巴得这么厉害，怎么能上课呢，我看他连日常生活都困难。为什么会找这么个老师来代课呢？

可是，站在门口的教导主任只是稍微皱了皱眉，并没有表现出特别惊讶或者为难的样子。难道教导主任一开始就知道他是结巴？难道即使知道他是结巴，还照样录用？难道临时的代课老师缺到这种程度了？

村内老师耸着肩，大口地喘着气，环视了一下教室。其实他只说了一两句话而已，但是满脸通红，甚至连坐在最后排的同学都能看到他浑身是汗。

“我，不能流利地说话。所以，也、也、也、也许会给大家添麻烦。可、可、可、可是，我会努力说话的。我、我、我只说重要的话，这、这、这个学期结束之前，请多指教。”

老师深深地鞠了一躬，脑门差点儿就碰到讲桌上了。

一般情况下，大家会拍手的。可是，如果现在拍手的话，反而好像是在嘲笑老师。也许大家都想到一块儿去了，所以教室里还是一片寂静。

我悄悄瞥了一眼教导主任。他没看村内老师，而是把视线停留在教室当中的座位上——他在看小绫。

我在心里默默地揣测着。也许，村内之所以来当我们的班主任，都是因为我们赶走了盐屋。也许，这就是对我们的报应吧。

“老师，我有个问题。”小绫举起右手说。

村内老师的目光在讲台上贴着的座位表上搜寻了一下，然后点点头说：“请说。”

“老师，您这种情况是叫口吃吧？”

老师沉默着，笑着点了点头。

“口吃是什么意思？”一个男生问。

小绫回答说：“就是结巴。”然后继续说道，“刚才你也听到的那种，就叫口吃。”

村内老师还是沉默着，点点头。我觉得教导主任看小绫的眼光变得有些凌厉了。

“我想问，你为什么会口吃？什么时候开始口吃的？这是一种病吗？还是，算一种残疾？”

面对连珠炮一样的问题，老师苦笑着，歪着头说：“你的问题可真多。其实连我也不太清楚。”

这个回答惹怒了小绫。

“噢，你这是在敷衍我吧？”

"不是。"

"那为什么你连自己的事情都不清楚呢?"

"……对不起,我真的不清楚。"

"连自己的事情都不清楚,这也太可笑了吧?"

我在旁边听着,觉得好累。够了,小绫姐,够了。老师刚才已经说"对不起"了,你就别再问了……

"那我再问一个问题。您是结巴,为什么要当老师? 您刚才也说会给同学们添麻烦。为什么您明知会给学生添麻烦,还非要当老师?"

我的心跳得很快。透不过气来,肚子也开始疼了。

老师还是苦笑着,摇了摇头说:"这个……我也不知道。"

小绫勃然大怒——我的座位虽然离她很远,但仍然感觉到了她的怒气。

"老师,请看那个。(什么都可以问),难道是骗人的吗?"

顺着小绫手指的方向看过去,是贴在墙上的标语。老师也回头看了看那幅标语——虽然只有几个字,但他却看了很长时间——然后他回过头来,看着我们笑着说:

"对,那是骗人的。"

说完,老师转过身,背对着我们,站在标语前,伸出手,把固定标语四个角的透明胶全撕掉了。他捡起掉在地上的标语,一边在讲桌上把它折起来,一边跟我们说:"班会,就开到这儿。"

教导主任始终一言未发。

村内老师刚一走出教室,女生们就全都跑到小绫的座位旁边去了。我也去了,站在她们的后面。我的心还在怦怦地跳着,还是透不过气来,肚子还是丝丝拉拉地疼。

"我简直不敢相信! 搞什么呀!"

小绫朝黑板旁边的墙壁扬了扬下巴。"那种人怎么能当老师!?"墙上原本贴着标语的地方留下了一块发白的痕迹。那张标语,我们入学的时候就贴在那儿了。也许,好多年前它就贴在那儿了,可现在却消失了。

"那不是学校的方针吗? 一个临时的代课老师,根本没资格这么做! 教导也挺反常，照道理他该生气的啊。”

“是啊，是啊，就是嘛。”大家都点头附和着。小绫本人，还有其他同学好像都没注意到教导主任的目光。

“总之，那个老师公开宣布要跟我们唱反调了。”

是这样——吗？是吧。我的心跳又加速了。

“如果他是那么想的话，那咱们……”

小绫在这儿停住了，环视了一下围在她周围的人，视线在人和人的缝隙中游走，最后停在我身上。

“中山桑，要是你的话，你怎么办？”

为什么？为什么她每次都偏偏要问我？

我透不过气来，肚子疼，心脏怦怦地跳声在脑子里回荡。啪嗒、啪嗒、啪嗒，响板发出坚硬的声音，啪嗒、啪…啪、啪嗒、啪…啪，它在打着圆舞曲的节拍。

“什么？你说什么？对不起啊，我没听见，大声点儿说，别浪费了你的好主意！”

小绫一边笑，一边把手放在耳边，把身体斜过来，说：“你再说一次，快点儿嘛！”

够了，停下来吧，别闹了，住手吧……

没有一个人能听到响板的声音。那一天，我没能打响板。我肚子疼，肚子的一侧针扎般地疼。我听见了小拖吹竖笛的声音。应该没有一个人能听见的，可是，我却真切地听见了那天的竖笛声。

“好，时间到，停！”

小绫坐直身子，对别的同学说：“让那个村内给咱们添点儿麻烦吧。”

这算什么上课啊。我们听不懂你在说什么你给我们添麻烦你的课我们完全听不懂我们很为难。你是个结巴，结巴当老师就是给学生添麻烦所以你最好还是自动消失吧。你是我们的敌人吗难道让我们为难你就高兴了吗这样也能算老师吗……

音乐会的排练一塌糊涂。

响组——确切地说，是小拖和我，拖了大家的后腿。

小拖和上课时候一样，一刻也停不下来。刚排好队，他就完全不理会指挥棒的指挥，随心所欲地敲打起响板来了。

我却和他相反。田中君手里的指挥棒，像是来回划着手写体的大写字母“L”似的，一、二、三，有节奏地挥动着。我们应该在第三次划“L”的时候开始演奏，可是我的手却跟不上拍子。即使前面两次“L”，我能记住啪嗒、啪…啪、啪嗒、啪…啪节拍，可是一到最关键的第三次，我却总是失败。我不停地跟自己说，不能太早，不能着急，结果第一个“啪嗒”的时候，就总是比大家迟半拍。于是，我又跟自己说，不能太慢，早一点儿，再早一点，可这样一来，我的右手就不听使唤，总是在第二个“L”的时候就开始打响板了。

离音乐会越来越近了，佐野老师片刻不离响组左右。

老师紧贴着我的后背站着，合着田中君指挥的节奏，在我的左肩上嗵、嗒…嗒、嗵、嗒…嗒地拍着。然后在演奏开始的瞬间，在我的右肩上啪地拍一下——即使这样，还是不行。最后那个啪的时候，我总是不由得心跳加快，右手就慢了。

老师也站在小拖的身后。为了不让小拖随便打响板，老师就一直从后面按住小拖的双手。等演奏开始的瞬间再放开。“记住，在这个时候开始就行了。”老师像哄小孩儿似的说。可是，老师如果不按住他，他就又会乱来了。最后，他好像也讨厌总是被老师按住，于是离开了自己应该站的位置。“小所，你该站在这儿啊。”老师想把他拽过来，可是，他却挣脱了。结果，排练的大部分时间都花在这个上面了。

这成了班会上讨论的一个主要问题。——大家都在担心如果我们班因为响组的原因，拿不到冠军怎么办。而当时，小绫是如何责备我们的——我已经不记得了。

怎么会不记得了呢？我追寻着记忆。啊，想起来了。当时的小绫还不像现在这么尖酸刻薄，在班级里也没有建立起帝国。而且她当时忙于应付私立中学的入学考，所以只是练熟了她自己的木琴那一段，然后就只参加了全体排练。

如果现在的小绫在六年级二班，那小拖和我会怎样呢？光是想想，就足以让我恐惧得浑身发抖。可是，在我的内心深处，还是想象了一下现在的小绫顶撞佐野老师的场景——仅仅想了一下下而已——“难道你不是我们的伙伴吗？”

在班会上，从一年级开始就跟小拖在一个班的元川君举手发言了。

"以前每次音乐会,小拖都请假的。"

这句话让教室里的气氛震荡了一下。不,受到震荡的是我,不是我的身体,而是我的心。

如果他们让我请假怎么办?如果他们不让我参加音乐会怎么办?

教室里一下子变得嘈杂起来,这时,佐野老师大声地让大家安静。他说:"班里每个同学都要参加音乐会,这样才有意义。所以,就算开玩笑,也不许说这种话。"

佐野老师是站在我们响组这一边的——当时我这么想。

但是,第二天排练之前,老师问我和小拖借走了我们的响板。他在蓝板和红板之间夹了一层厚厚的毛毡,然后用胶带固定好,还给我们。他笑着对我说:"就算打不好响板也没关系,因为这个响板现在不会响了,这样你就能放心练习了吧?等练好了,我就会把那个毛毡撕掉的。"然后又转过去笑着对小拖说:"这下,你想什么时候敲就什么时候敲,好不好?"

老师是站在我们这边的——?

我不太懂。到现在也不太懂。

"中山桑,你总是太紧张了,我这么做,就是想帮你把思想包袱卸掉。"

我想象着老师说话时的神情,几乎觉得它就在我的眼前。

4

小绫姐的帝国开始发起进攻了。

班会或者语文课上,村内老师一结巴,教室里就充满了同学们"听不见!""不懂你在说什么!""请再说一遍!"的大叫声。

即使被老师点到回答问题,大家也不作声。盐屋老师上课的时候,大家还答一声"还没想好",可是,现在连这个都不用说了。只要说"我听不清楚你的问题"

就行了。大家还故意让老师把同一个问题说好几遍，让他在同一个地方结巴。大家已经不像第一次的时候那样只是沉默了，现在他们嗤嗤地笑着，嚷着：真差劲啊！真受不了他啦！

大家也还像盐屋老师在的时候那样，经常到办公室去找别的语文老师问问题。也不会忘记加上一句“现在的语文老师说的话，真是太难懂了”。就算村内老师在办公室——正因为他在——大家也照说不误。

可是，村内老师从不生气。也不像盐屋老师那样急躁。

他只是沉默地看着我们。有时候是笑着，有时候面无表情。他看着我们，按照我们的要求一遍一遍地重复着问题，一遍一遍地在同一个地方结巴。

过了一个星期，我们就知道了老师经常结巴的几个发音。比如“ka”行的假名和“ta”行的假名。还有以浊音开头的单词，他全都不行。特别是“ka”行假名最差劲。Kakaka、kikiki、kukuku、kekeke、kokoko……这些音听上去简直不像人发出的声音，而像东西碰撞时发出的。

每当这时，我都偷偷地打着校服口袋里的响板。我用右手手掌夹着两块板，手掌一开一合，啪嗒、啪嗒、啪嗒地敲打着。

没有人能听到响板的声音，我自己也听不到。

只要用一块带纱布的创可贴贴在红板凸出的地方——这样，就算蓝板碰到红板，也发不出声音。就是这么简单。

其实佐野老师根本不用那么夸张地去买毛毡。只要有块可以遮住伤口的创可贴，我打响板的时候就不会给任何人添麻烦了。真的很简单。

“下、下一段，请近藤君来念。”

啪、啪啪啪、啪啪啪啪啪啪。

不可思议！村内老师结巴的地方，竟然跟响板的声音不谋而合。不早也不晚，不快也不慢，老师和我，是同一个节奏。

“期期期期、期、期末考试的范围，到、到、到这一页为止。”

啪啪啪啪、啪、啪……啪、啪、啪……

老师一直在跟我合奏。这种没有一个人能听见的合奏，让我浑身舒畅而放松。

我没有再按小绫的命令去攻击老师。我脱离了帝国。或者在大家看来，我是被帝国赶出来了吧。

佐野老师给我和小拖的响板上贴的是红色的毛毡,正好和红板的颜色一样,从远处看,根本看不出来。

大红的毛毡,被剪成了心形。大大的,很可爱的一颗心。也许,老师是想让我们在排练的时候能开心一些吧。

老师很善良。可是,她不了解我。心形的毛毡,随着排练次数的增多,表面渐渐起毛了,变得斑斑驳驳的。直到最后老师也没能察觉到我一边看着斑驳的毛毡,一边打响板时那种悲伤的心情。

小拖任性地把贴在响板上的毛毡撕掉了。不过就算不撕,以他的力气,也还是能让响板发出声音的吧。

老师的苦心,在我身上也失败了。虽然知道响板不再会发出声音,但是心跳加速的感觉并没有消失。音乐会的前几天,那种感觉蔓延到全身。而且还一直肚子疼。正式演出前的第三天,在排练的时候,我觉得很难受,直奔厕所。演出前第二天,我一看见田中君拿着指挥棒摆好姿势,就突然感到头晕目眩,于是被送到保健室。演出前一天,我一想起来第六节课要全体排练,肚子就抽搐地疼起来,于是,从午休时间开始一直到放学,我都是在保健室的病床上度过的。

然后,就在正式演出的那天——我拖着沉重的步伐走进学校,却突然发现,小拖被编进竖笛组了。

“为什么?”

我很吃惊,于是问竖笛组的同学。明明竖笛比响板难多了啊!

那个同学也觉得很莫名其妙,说他也不知道。还说,佐野大妈说了,正式演出的时候没问题的。

可是,我有问题。演出是当天下午开始,因此早上我还算比较冷静,而到了中午,我就越来越不舒服了。

啪嗒、啪…啪、啪嗒、啪…啪、啪嗒、啪…啪、啪嗒、啪…啪、啪嗒、啪…啪、啪嗒、啪…啪……

脑子里全是响板的声音。我觉得自己的头好像变成了响板,不停地被人敲打着,像要裂开了一样。

中午我去了保健室，想问保健老师要一些止痛药。可保健老师让我先量体温。她把体温计塞在我的腋下，然后给教师办公室打了个电话。就在体温计嘀、嘀响起来的同时，佐野老师担心地跑进了保健室。体温正常——可是，看见老师之后，我的头却突然变得更疼了。

"中山桑，怎么办呢？"老师问我，"花了那么多时间排练……可是，要是实在不行，正式演出的时候，你还是请假吧？"

我沉默着摇了摇头。为什么呢？我自己也觉得很意外。到现在我也不知道为什么。只知道，就算再怎么辛苦，我也不能在演出的时候请假。

可是，老师的表情变得有些为难。她说："你不要太勉强自己啊。我一方面很担心你的身体，另一方面，如果你像前天那样，演出的时候突然晕了，那……那就给大家添麻烦了……"

听到这句话——我的肩膀突然一下子松快了。这样啊，原来，是这样啊，我心里想着，嘴里不由得吐出了几个字"我请假"。

村内老师继续上着课。他说得越多，就越是结巴得厉害。他的课，实在算不上浅显易懂。

真是个给大家添麻烦的老师。

和不能好好敲打响板、演奏途中突然晕倒的我一样，老师也因为不能流利地说话而给别人添麻烦。

我觉得，我们是同一类人。所以，老师说话时结巴的声音，跟我打响板的节奏是一致的。

小拖要是也来这儿就好了。

如果小拖也来了，我们就可以一起合奏了。

音乐会正式演出的时候，小拖吹了竖笛。他从一上舞台就把嘴对着竖笛，来回移动着手指，满脸通红地卖力地吹着。咦？怎么搞的？我看出了他的疑惑。

竖笛吹不响。不管怎么吹，都没有声音。即使演出开始了，也还是吹不响。小拖像平时一样，胡乱地吹着，手指也胡乱地移动着。可是，《溜冰圆舞曲》的旋律中，并没有任何不和谐的音符。

我明白了，竖笛用东西堵住了。这就是佐野老师所谓的“没问题”。

小拖并没有生气。也没有伤心。他吹了一会儿，就厌腻了这个怎么也吹不响的竖笛，于是一个人离开了队列，一会儿躲进帘幕后面，一会儿一个人在舞台上兜圈子。不过，演奏还是在继续，没有停下来。《溜冰圆舞曲》的旋律，从头到尾都很美妙。

六年级二班得了冠军。

小拖把竖笛还给佐野老师时，说了声：“这个东西，吹不响。”然后就把音乐会的事抛在脑后，每天仍旧吵吵闹闹，东跑西颠的。

我撕下了那块没用上的心形毛毡。但并没有把它扔在教室里，而是扔在了学校中庭的垃圾箱里。

小拖，你还好吗？还是每天东跑西颠的吗？还是在合奏的时候，给别人添麻烦吗？

你要是来这儿就好了，真的。

我们就可以在没有人的音乐教室里，三个人一起合奏了。

啪嗒、啪…啪、啪嗒、啪…啪——

语、语、语文课，开始上课——

很遗憾，我不知道小拖吹竖笛是什么声音。不过，我们一起合奏吧。我们三个人组成一个乐队，在没有人的音乐教室里，永远地、永远地、合奏下去吧。

5

尽管我脱离了帝国，但放学的时候还是和小绫一起回家。其实我想自己一个人走的，但不是在走廊上被小绫追上，就是被她堵在电梯口。

我们俩在一起的时候，我不是“中山桑”，而是“聪美”。小绫应该知道我最近不再攻击村内老师了，也应该知道我下课不去她的座位那边了。但是，她什么也没说。

我觉得很不可思议，甚至觉得有些不安。明天开始，因为要准备期末考试，课后的社团活动都要停了，所以其他同学也会和我们一起回家。明天放学后我又将变成“中山桑”。

所以——我下决心说。

“你什么时候才肯罢手？”我问。

她知道我说什么。于是轻描淡写地回答：“到最后。反正他不是只呆到第二学期结束吗？也没几天了。”然后继续笑着说，“他自己也很清楚这一点，所以咱们再怎么折腾，他都不生气。这种有期限的总比没期限的好吧。”

“……村内老师，好像知道咱们是故意的……”

“他当然知道啦。咱们做得那么明显。”小绫点着头，干脆地说。

我想说的并不是这个——我悄悄敲击着一下口袋里不会出声的响板。

“对不起，我，无法像大家那样、对村内老师。”

啪嗒、啪嗒、啪嗒啪嗒啪嗒、啪嗒啪嗒。

“也许小绫姐你会不高兴，但是、对不起、我不想那么做。”

啪嗒啪嗒啪嗒啪嗒、啪嗒、啪嗒、啪嗒啪嗒。

“这个么，随你的便。”小绫满不在乎地噘着嘴说，“你以为是我命令大家这么做的吗？拜托你别这么想，我可不想被人当作是幕后黑手。”

对她的这种想法，我微微有些吃惊。小绫和我，毕竟不一样，很多地方都不一样。我干什么都慢，而小绫干什么都快。我是怎么也跟不上别人节奏的那种人，而小绫却是让人家都会去追随的那种人。

“嗯——不过，事实上，我确实是大家的小头头。”

“我觉得你更像大姐大。”

“其实，我也没干什么了不起的事。因为公立学校的水平本来就低嘛。老师不怎么样，校舍也旧不啦叽的，学生们不但学习差，而且完全没有思考能力——你不觉得吗？”

我没觉得。我从来没有把公立学校和私立学校做过比较。可是，小绫好像从进了学校开始，就一直在不停地比较着。

我们俩并排走在大马路上。这时，对面人行道上有个女中学生骑着自行车，向我们这边招了招手。虽然我不认识她，但从她的校服上，我看出来，她是私立中学的。

“小绫，好久不见！”

小绫只是轻轻挥了挥手，并没有答话。对方把自行车停下来了，而小绫却还是继续往前走，而且，突然加快了脚步。

“那个人，是谁啊？”

“补习班的同学。”

“特训补习班的？”

“嗯。”

小绫冷淡地答着，走得更快了。

和一般的补习班不一样，这个特训补习班光是考进去就不容易。我们小学里，只有小绫一个人考上了。

我回头看看，那个女孩子也骑着车走远了。

考上私立中学的女孩，和没考上的小绫，离得越来越远。我这才知道，在补习班，同学们不叫她“小绫姐”。

我突然觉得小绫很可怜，于是说：“说不定到考高中的时候，你就能考上了。”

小绫停下脚步，狠狠地瞪着我，说：“你这个人，真讨厌！”

我赶忙补充：“我觉得咱们是朋友，我才这么说的。”没想到这句话却遭到了小绫更痛恨的白眼。

“我要一个人回家，你别跟着我！”她说完这句话，头也不回就走了。

我想去追她，可是却做不到。

我心里想要跟她道歉，可是却说不出口。我心里想跟她说，我们不算朋友，刚才我说错了——可是我也说不出口。我不停地敲着口袋里的响板，但是喉咙却像被什么东西卡住了，脑子里也是一片空白，怎么也说不出话来。

第二天的第六节课是班会时间。在说明完关于期末考试后的家长面谈和暑假资源回收的事情以后，就没什么议题了。要在平时的话，剩下的时间就是自习了，可是，当总务委员筒井君问“大家还有什么问题要讨论”的时候，小绫举手站起来了。

“我有件紧急的事要跟大家商量，”她说，“是关于村内老师的。”

这时的村内老师，把讲桌前的位置让给了筒井君，自己站在靠窗的地方。

“语文课，还是请别的老师来给我们上吧。”

在教室里嘈杂的议论中，小绫继续说：“因为……，期末考试的考卷，全年级都是统一的，可是，只有我们班是村内老师教的，因为他结巴，根本听不懂他的课，所以，我觉得这样对我们班不公平，这是在给大家添麻烦。”

又是这个词，添麻烦。我觉得这句话应该是对我说的。因为我无论做什么都比别人慢半拍，说的话又无趣，让小绫感到不耐烦，或者惹她生气。我觉得，我一直在给她添麻烦。

“如果因为老师的原因，影响了我们全班的平均分，谁来负这个责任？”

也许是因为事先在帝国中没有通过气，女孩子们都显得很吃惊。而小绫的语气，也不像平常那样充满讽刺和挖苦，而是很严肃、很坚决。看得出，她是认真的。

“昨天晚上，我和父母商量过了，他们也认为这样下去会影响升高中的成绩报告。坦白说，老师，如果你继续教下去的话，会影响我们升学的。”

教室里更吵了。不知哪个男生说：“没错没错！”而其他的男生则哄笑着。

我敲打着响板，心怦怦地跳个不停，喘不过气来，肚子疼，浑身不舒服，头也晕沉沉的。我敲打着响板，敲击声回荡在我心里。这是我唯一的支撑。

“我们学校所有的老师，都是和学生们站在同一个立场上的伙伴，只有村内老师不是。”

小绫坐下了。她的发言一气呵成，流畅无比。

不知所措的筒井君，朝老师看去。

老师向他点点头，做了个让他回座位的手势。

然后，老师走到讲台前，默默地环视着我们。

“老师，请回答我的问题。”

小绫说完，顿了一下，又补充道：“您写在黑板上也行。也许这样大家更容易懂。”

我都快哭了。她怎么连这么刻薄的话都能说出口呢！？就因为没考上私立中学？如果考上的话，就不会这么刻薄了？

老师看着小绫。不是瞪着她，也没有生气。只是，眼神中透着一种悲哀。

“第一天见到大家的时候，我就跟大家说过了……”老师平静地说。他的眼睛仍然直视着小绫，拿起一支粉笔，然后转向黑板写道：

重要的事

“我只说重要的事。大家还记得吗？”

我咬着自己的嘴唇。几乎又要流泪了。老师输给小绫了。小绫让老师写在黑板上，老师就写了，他也怕自己结巴，所以不说话了。我敲击着口袋里的响板，无声的响板和无声的老师一起合奏着。

老师深深地吸了一口气，缓缓地开口了：

“学、学、学校的老师，并不是你们的伙伴。当然，有时候是，但并不是一开始就是，也不是一直都是。可、可、可，可是，也不是你们的敌人，决不是。”

加油！老师！加油！！我敲击着响板，不停地敲着。

“老师，能、能、能做到的，只是站在大家的，身、身、身边。”

他一边结巴着，一边在黑板上写着。

站在大家身边

虽然“sa”行的假名不结巴，但老师还是写在了黑板上。

“只有一个问题，是、是、是老师必须回答的。那就是‘我是不是孤独？’。答、答、答案，也只有一个。那就是，老师作为一个你们父母之外的，离你们最近的成年人，一直站在你们的身边。——这、这、这、这就是答案。”

老师说完，长长地出了一口气。用手背擦了擦额角的汗，又拿起粉笔，挥动右手，一个字一个字地写着。因为太用力，粉笔啪地一下折断了。可他继续写着：

你并不孤独

老师两只手撑在讲桌上，又重新环视着我们。他的目光从教室的一端移动到另一端，最后，停留在小绫的身上。

"……因为你并不孤独，所以不用拉帮结派，也不用焦躁不安，什么都不用做，因为从一开始，你就不是孤独的。"

全班同学都意识到，老师的这句话是专门对小绫说的。当然，包括小绫自己。

于是，小绫没好气地说："老师，你跑题了！"

老师听了，微微笑了笑。这是到现在为止，他最亲切，也是最伤感的一个笑容。

"盐屋老师明天就回来上班了，所以我，今、今、今天就要和大家告别了。我，语、语、语文教得不好，所以，就、就、就让盐屋老师早点回来了。"

不是的！老师，您并不是因为结巴或者课上得不好，才换盐屋老师回来的。

我凝视着黑板上写着的那三句话。老师，您就是为了告诉我们这三句话才来到我们班的。所以，现在一切都结束了。我也再不能跟您合奏了。

我觉得眼泪就要夺眶而出了，就在我急忙把手伸进口袋里掏手绢的时候，一不小心，响板当一声掉在了地板上。

声音很轻。轻得没有一个人回过头来看。这轻轻的，带着些许忧愁的声音，正是小学六年级时候的我，也是现在的我。

我在心里说了声"对不起"，把响板捡起来，悄悄地，尽量不发出声音地，撕掉了那块创可贴。

下课铃响了。老师拿起黑板擦，想自己把那三句话擦掉。这时，小绫开口了。

"不用擦。"

还是那种没好气的声音。"那是值日生的事。"她补充道。

她脸上一定还是一副不耐烦的样子吧。不过，小绫看着黑板，一动不动地看着。我相信小绫，我想相信她，真的能把我当成"朋友"。

老师点点头，答应了一声，微笑着把黑板擦放回原处。那笑容，有些温和，有些伤感，还有些喜悦。

老师回到讲桌旁，开始跟大家告别。

“这些日子以来，谢谢大家了。”

和第一次走进我们教室的时候一样，他深深地鞠了一躬，脑门差点儿就碰到讲桌上了。

掌声——依旧没有。

可是，教室里却响起了清脆的响板声。啪嗒啪嗒啪嗒啪嗒。

再清脆一些！

再响亮一些！

再传得远一些！

我使劲儿敲击着，手都疼了。

老师抬起头，说：“好久没听到这个声音了。是、是、是、是、是响板吧？”

这，就是老师和我最后一次合奏。

启禀老鼠大王

1

开学没几天我就发现了，这个班也不怎么样。男生也好，女生也好，包括班主任，个个都是社会垃圾。

那些家伙，全都一无是处。——我对老鼠大王说。

为什么我的周围都是这种无聊的人？

老鼠大王在转轮中拼命地跑着。咔嗒咔嗒咔嗒咔嗒，转轮发出轻微的响声。看来，车轴有些磨损，差不多该给它买个新的了。

好无聊。

我趴在地板上，让自己的眼睛和笼子的高度保持一致，可是，老鼠大王却根本不往我这边看。

学校无聊极了。我想快点儿毕业。

可是，初中生活才刚刚过了三分之一，还有两年呢。一年级结束的时候，以为好不容易可以从那个该死的一年级一班解放出来了，没想到，分班的时候，又被分到了更该死的二年级二班。

我像是被卷入了一场惩罚游戏。一边乘汽车周游外国，一边回答智力问题。如果答不出问题，被淘汰了，那就要接受“惩罚”——被赶下车，一个人回国。我觉得我就是那个被赶下车的人，而且，下车的地方是沙漠的正中心。

大王先生，请告诉我——

是我答错了哪道智力问题？还是我按抢答铃按得迟了？又或者，这根本就不是智力抢答，而是抽签决定的？

老鼠大王仍然在转轮中跑着。被白色和橙色的毛覆盖着的身体，激烈地抖动着。

老鼠大王来到我家，正好满一年了——那时，我刚上初中。

是爸爸买给我的。从上小学的时候,我就想要养一只仓鼠。可是,升了初中,课后有社团活动,学习也很紧张,肯定没时间照顾它——于是,我基本上放弃了这个想法。然而就在这时,爸爸突然买了仓鼠和整套用品回来。

“本来我想让你自己去选的,不过可惜,来不及了。”

爸爸抚摸着我的头,充满歉意地对我说了句“对不起”。

对于“来不及了”这句话的意思,和“对不起”的真正含义,我是在那之后才明白的。

三天之后,爸爸死了。

那天早上,他和平时一样出了家门,和平时一样到了车站,和平时一样在站台上等电车。然后,在一辆电车飞速驶来的时候,一跃而下。

他没留下遗书。不过后来听妈妈说,几个月前爸爸就开始因为心理问题,经常去看医生了。

上个星期,是爸爸一周年的忌日。做法事的时候,我把老鼠大王放在一个小小的纸盒里,也带到墓园去了。

临出门的时候,妈妈看到我手里的老鼠大王,好像想说什么,但最终还是什么都没说。自从爸爸过世以后,妈妈的这种表情多了起来。三口之家少了一个人,她除了我以外,没别人可以说话了。我想,就是因为有很多话都不能跟我说,妈妈才变得这么沉默寡言的吧。

来参加法事的人当中,几乎没有爸爸公司里的同事。也许,他们想来,但被妈妈拒绝了吧。

爸爸的病根就在公司。因为公司机构调整,爸爸的工作量一下子增大了很多,也没人帮他,他一个人默默地承受着所有责任和压力,最后不堪重负,选择了自杀——我把听来的片断像拼拼图一样拼起来,大致就有了这么个轮廓。

可是,这个拼图好像少了一片。是丢了?还是本来就不存在?我不知道。

做完法事,大家在墓园附近的一个饭店里吃饭。因为还喝了酒,所以吃饭的时间拖得很长。我觉得无聊,就带着老鼠大王到大厅外的木板走廊上去了。我打开小纸盒上方的盖子,盯着老鼠大王的背出神。这时,有个人也离开了座位来到走廊上。

是少数来参加法事的爸爸公司的同事之一，佐藤先生。

“仓鼠，都长这么大了！”

爸爸去世后的第一次盂兰盆会和做七七法事的时候，他都跟我搭过话。这个和爸爸同时进公司的佐藤先生，大概觉得他有责任扮演鼓励我的角色吧。

“已经一年了啊。”

佐藤先生也坐在走廊边上，松了松黑色的领带。

“洋介君也长高了吧？”

我沉默着点了点头。

“长了几厘米？”

“五，”我答道。但是嗓子哑了，发不出声音来，于是我伸出了五根手指。

佐藤先生一边嗯、嗯地点着头，一边笑着说：“正是发育的时候呢。”

我不擅长这种对话，也不喜欢。

爸爸死的时候，佐藤先生在札幌。“我业绩不好，于是被调到偏远地方的分公司去了。而总部对你爸爸的期望很高，把他留了下来。他坚持着，直到最后一刻。”——在七七法事的那天，他这么跟我说。“所以，洋介君，你应该以你爸爸为骄傲。他是个了不起的人，坚持到了最后。”他眼睛红红的，紧紧地握着我的手，反复地说着。

佐藤先生现在被调回了东京的总部。接任了我爸爸的工作，坐在了我爸爸原来的位置上。和爸爸不同，他看上去没有任何心理压力。“多亏了富田，我才能干到现在。”他刚才跟我奶奶说。据说，自从我爸爸自杀以后，公司改变了运作方式，尽量不给继任的佐藤太大压力。“要是早这么做就好了。”奶奶含着泪抱怨着。而爷爷却不这么认为。他说：“孝弘用他自己的命保住了大家的命。这样的牺牲，一个人就够了。”听了爷爷的话，佐藤像是松了一口气似的说：“是啊，您说得一点儿也没错。富田的确是救了我们大家。”

“新家怎么样？习惯了吗？”

我点点头。他又接着问：“学校呢？”

我沉默着笑了笑。老鼠大王正两只手拿着报纸的两端咯吱咯吱地啃得起劲儿呢。

“新学校的校服是西装式样嘛。”

我是穿着校服来参加法事的。其实我本来不想穿，可一时又想不出穿什么合适。于是，希望没人注意吧——我就套着它来了。

可是，却被眼尖的佐藤先生发现了。“立领的也不错，不过这种款式更适合你。”他笑着说。在爸爸去世后的第一次盂兰盆会之前，我都穿着以前学校的校服。葬礼的时候也是。那件立领的校服几乎还是崭新的。记得开学典礼那天，我觉得校服上金色的扣子太过显眼，可是爸爸却笑着对我说：“不是挺好的嘛，崭新耀眼的一年级新生。”就是这个笑容，在半个月之后爸爸的葬礼上突然浮现在我脑海中。被爸爸去世的打击击昏，连哭都不会哭了的我，在那时第一次哭了出来，而且，像失去了支撑一样，一直哭、一直哭、直到爸爸化为灰烬。

“洋介君，刚才我听你妈妈说……”

佐藤先生看了看我的表情，继续说：“你觉得现在的学校没意思？”

“没有啊。”我回答。不过，喉咙又哑了。也许是最近基本上不怎么说话，所以喉咙也变得怪怪的了。

“私立学校和公立的的确是有很大差别，不过，久居自安，习惯了就好了。放心吧，不管你在哪儿，你爸爸都会保佑你的。”

我一直盯着小纸盒。老鼠大王玩腻了报纸，于是跑到纸盒一角去喝水了。白天大都在睡觉的老鼠大王，也许是因为我带它出来玩，所以显得异常兴奋。

大王先生，这个人好烦啊！

净捡好听的话说。什么要为了爸爸坚强地活下去啦，要好好照顾妈妈啦。简直就是想把七七法事那天说的冗长乏味的话再跟大王先生说一遍。其实，我早把他那天说的话忘到九霄云外去了。

“我当初到札幌去的时候，一开始也不适应，受了很多苦。不过，现在回想起来，完全看你自己怎么想。如果遇事悲观，凡事都往坏处想，就会变成恶性循环。但如果能乐观地投入到新的环境中去的话，就会发现身边有很多有趣的、开心的事。没跟当地的人接触的时候，我觉得他们是一群乡巴佬、傻瓜。但是接触了以后，就发现他们人都挺好的。学校也一样吧……”

老鼠大王，求求你，大叫几声吧。用你的叫声把这个家伙吓走，让他闭嘴！

可是，老鼠大王却不会叫。就算叫，最多也只能像上发条那样，吱吱地叫两声。

“你看，这只仓鼠不也是这样吗？你把他从宠物店带回家，它不是很快就适应了吗？今天它第一次来这儿，不也挺开心的嘛。你不觉得它很了不起吗？”

“对吧？”佐藤一边说一边对老鼠大王笑了笑。拜托你别再说下去了！仓鼠讨厌人家对它笑。因为它看见你的牙齿，就以为你要吃掉它，会吓死的。

“这么小个小东西，也知道努力……”

他从上面看着仓鼠，抚摸着它的背。别碰它！仓鼠的天敌是鸟类，最怕头顶上的影子。你碰它的背或者抓住它的话，就会唤醒它从祖先那儿继承来的恐怖的记忆，让它浑身紧张。

大王，你咬他吧。使劲咬他的手指吧。让他知道你的厉害！

可是，老鼠大王不咬人的。黄金鼠是宠物仓鼠中体格最大的，但却是最温顺的一个品种。

大王，咱们回家吧。快点回到我的房间里的那个笼子里去吧。

我很喜欢老鼠大王。虽然它们的领地意识极强，一个笼子里决不能养两只，但实际上，它们却是非常弱小的，总是担心自己被攻击，担心自己被吃掉。

我对它，是那种近乎心疼的喜欢。

2

大王，你听我说，在今天的全校早会上，我听说了一件非常荒唐的事。我该怎么办？

“又到这个季节了。”

校长站在体育馆的舞台上，故弄玄虚地说。三年级的同学都笑了。二年级当中也有人笑。几个反应迟钝的家伙，听了旁边同学的解释，也都恍然大悟地笑了。

所有二年级的同学里，只有我一个人不明白校长的意思。因为我是去年第二学期才转来的。早会的时候，没人跟我解释，我也没问。其实，就算不问，我从校长“希望每个班的同学们都能好好练习，从而加强班级的团结合作精神”这句话中，大概估计到了这不是什么好事。

第一节是数学课。回到教室，我把数学课本拿出来，放在课桌上。这时，坐在我旁边的吉川惠凑过来问：“喂，富田君，你从来没参加过蜈蚣竞走吧？”

原来，校长说的是班级之间蜈蚣竞走的比赛。

听说，这是每年六月初都会举行的一个全校性的活动，还是很早以前，校内欺负同学的现象非常严重的时候，当时的校长想出来的。听说理由是这样的：如果没有团结力和集体观念，十个人一组的蜈蚣就无法前进。最开始也许只能走两三步，可是经过练习，就能走得很好了。因此，整个班级的团队精神在比赛前和比赛后会变得截然不同。

“那，光是报名的人参加？”我问。

只见吉川惠一脸疑惑的样子，笑着说：“肯定是全班都要参加啦，不然还有什么意义啊。”

那倒是的。

“所以，富田君，你也要加油啊。我们去年参加过了，而你是第一次，刚开始肯定够你受的。”

该死！我头脑发昏，心跳加快，甚至觉得要吐了。

“没关系的，富田君。你体育那么棒，很快就能掌握窍门了。”

吉川惠笑嘻嘻地跟我说。她总是这样。去年我就和她一个班。从我刚转来这个学校开始，她就经常主动跟我说话，说是为了让我尽快融入这个班级。但我却觉得她是多管闲事。情人节那天，她送了我一块巧克力，说“这是礼节性的哦”，真是莫名其妙。

现在五月的黄金周刚过。听说，从现在开始，每天都要分组练习，直到六月初比赛正式举行。

“有些班随便练练，有些班练得很认真，连期中考试的间隙也不放过。”

吉川惠说着，扫视了一下教室，说：“咱们班也好好练练吧。再说，还有古贺君和福本君呢。”

我真的要吐了。古贺和福本也是去年就和我一个班的,当时我就很讨厌他们。我讨厌二年级二班,而在这个班里,最讨厌的就是这两个人。——他们竟然能把什么“友情”啊、“团结”啊、“全心投入”啊、“青春”之类肉麻的词,若无其事地一天到晚挂在嘴上。

“可是,这跟上课没关系吧?”

“有时候要利用上课时间练习呢。这是学校的传统活动,老师们都会通融的。”

“那……成了义务了?”

启禀大王:

刚才的话,您听见了吗?或者,您像平时一样在睡午觉?我真的很讨厌这个学校。一月份的那次马拉松接力赛已经够荒唐了,这次和那次相比,简直是有过之而无不及。

当然,我才不会像个傻瓜一样跟他们瞎凑热闹呢。大王,这次,也请你保佑我。

马拉松接力赛也是全校同学必须参加的一项活动。每个班级都要接力跑完二十公里。只要在五百米至二千米的范围以内,每个人都可以自由决定自己跑的距离。跑得慢的同学可以少跑一些,跑得快的同学可以弥补跑得慢的同学,多跑一些。校长说,这样就能培养大家的互助精神了。

我们班只有三个人被分配到跑两公里,我就是其中之一。而且,还是最后一棒。就因为我在十二月份的一千五百米计时跑中跑了全班第一。

“是赢是输,就看富田君你了。”负责分配的古贺说。男生叫我的时候也习惯在最后加上“君”。到现在也没改变。

“拜托你了,富田君。我们看好你。”

福本一边往笔记本上写分配方案,一边扬起头来笑了笑。

所以,我要破坏这场接力赛。

一个电话就解决了。在比赛前一天,我给市教委打了个电话,说:“如果这场马拉松接力赛举办的话,我就去自杀。”于是,第二天学校就宣布比赛取消了。

真的,简单得让人不敢相信。

爸爸要是也这么做就好了。他可以给公司打个匿名电话:“如果不改变公司机构的话,我就自杀!”——可是,公司也许只会说一声“请便”吧。爸爸生前经常说,社会是残酷的,一定就是这个意思吧。

午休之后的第五节课的预备铃已经打了,可古贺和福本的座位上还是空的。我每天的午休时间都是在图书室度过的,所以不知道教室里发生了什么事情,但是吉川惠告诉了我。

他们两个代表全班同学到办公室去,跟各科的老师商量,看能不能把上课的时间腾出来让我们练习蜈蚣竞走。每个班的代表都会在今天或者明天去办公室,这已经成了惯例。

就像请愿一样吧,我心里想。但嘴上没说出来。反正她也听不懂。公立学校的家伙们个个学习能力都差得要命,上课也简单得像开玩笑,即使这样,还有人跟不上。

“让大家久等了!”

古贺跑进教室。跟在他身后的是福本。大家一看到福本两只手做出“V”字的手势,就欢呼起来。幼稚! 这帮家伙像小学生一样。吉川惠也拍手了。最容易上当的就是你这种人! 我真想这么跟她说,不过话到嘴边又咽下去了。

听说数学、英语、社会、还有理化的老师都答应每星期腾出一节课的时间给我们练习。

“只有我们班吗? 一班呢? 三班呢?”不知谁兴奋地问。

“也一样。”古贺有些遗憾地说。大家听了,也觉得挺遗憾的。蠢货! 这些其实早就在教师大会上说好了的——这么简单的事都不明白!?

“语文呢?”又有人问。

“村内不在。那家伙经常在学校里逛来逛去的。”古贺说。

“我们打算等会儿在教室里说,大家都要帮忙一起说哦。”福本接过了话题。

第五节课是语文。原来的语文老师休产假了,七月份才能回来。这段时间里,是一个叫村内的小老头来替她。

“村内知不知道蜈蚣竞走的事?”“应该不知道吧?”“不知道也无所谓。”“没问题的。”“他平时说话都不利索呢。”……大家七嘴八舌地说着,教室里到处都是笑声。但和刚才不同，现在的笑声中带着些隐晦。“讨厌！”“别这么说人家嘛。”笑声中还夹杂着几个女生的说话声。

就算没这件事，平时在课堂上闲聊的人就不少，特别是语文课，教室里一直都是乱糟糟的。这都要怪村内。上课无聊倒在其次，最主要的是他说话有问题——总是结结巴巴的，所以大家都听不懂他到底在说什么。这个班的家伙们不知道“口吃”这个词，因此都叫他“结巴”。他们总是说“村内是个结巴”——语气和表情中带着几分戏弄和轻蔑。

上课铃响了，村内老师走进了教室，把课本和词典放在课桌上，抬起头来，准备上课。这时，古贺举起手：“老师，有件事……”

“嗯……什么事？”

“嗯”这个音，他不结巴。最容易结巴的是以“ka”行和“ta”行假名开头的词，还有所有以浊音开头的词。

古贺解释了一下蜈蚣竞走的活动。

老师点点头说：“啊，这个，我，听、听说了。”

“这个活动很不错吧？”

“嗯，能、能、能、能，培、培、培、培养，集、集、集、集体观念。”

“今天结巴得真厉害。”不知是谁在教室后面笑着说。

“所以，我们必须好好练习。蜈蚣竞走挺难的，光靠午休和放学以后的时间不够，所以想请老师允许我们利用上课的时间练习。您能把语文课的时间让给我们一些吗？我们保证，上课时间认真听讲……拜托您！”

福本和其他男生也齐声说：“拜托您！希望您能尽量支持我们。”

村内老师好像被大家的气势压倒了。他苦笑了一下。连我们上课闲聊都不怎么管的他一定会同意的——我想。

不过，老师苦笑着，摇了摇头。

“不能，占用，上课时间。我是，为了给大家，教语文，而来的。”

这句话里有好几个以“ka”行假名和“ta”行假名开头的词，所以他用了好长时间才说清楚这两句话。

“啊！？可是，难道没有比学习更重要的事了吗！？”

福本说着，丝毫没有掩饰他对老师的不满。

而老师只是点点头，说："有的。"

"那……"

"不过，学习，也很，重要。"

"别的老师都同意了！"古贺说。

老师笑着说："我知道。"

"可是，我，要上课。"

"太过分了！"

古贺没好气地说。福本也大拇指朝下，冲其他男生作了一个不满的手势。

老师若无其事地开始上课了。课堂上闲聊的情况比平时严重了很多，但老师仍然抱着无所谓的态度，结结巴巴地讲解着课文。

3

蜈蚣竞走比马拉松接力赛还要无聊。就算大家能走得很好，又有什么意义呢？就算能赢了别的班，又有什么值得高兴的？

最让我受不了的，是接力赛除了交接的时候以外都是一个人，而这个蜈蚣竞走，必须一直跟其他人在一起。要把手搭在前面那个人的肩膀上，自己的肩膀也被别人搭着，毫无自由。然后就是枯燥地听着"右、左、右、左"的口令，低着头往前走。

这样就能增强集体观念？就能提高团结能力？我觉得，这样能提高的只不过是听口令的能力而已……

和我预想的一样，古贺和福本自然而然地成为了练习的负责人。按规定，每组十个人，我们班三十七个人就是要分成四组，还差三个，所以必须有三个人要走两次。福本环视了一下集合在操场上的全班同学，当仁不让地说："我和古贺每人走两次，但是还缺一个，谁来？"说完，又环视了一下大家。

“福本君,你觉得谁合适?”吉川惠问。

我有一种不好的预感,于是低下头。这时,正如我预感的那样,我的名字被说了出来。

“富田君跑得快,而且体育又好,我觉得他合适。”

福本没有立刻回答。我觉得他和古贺交换了一下眼神,我还察觉到,他们犹豫了一下。

“……去年,富田君没有参加,可能没有经验吧。”福本说。

古贺则更不客气地说:“蜈蚣竞走最重要的就是团队合作。就算我们觉得可以,如果本人不愿意,那也没办法。”

福本和古贺都知道我和这个班格格不入。“去年看在你刚转来的份上,不跟你计较,但你也别太过分了!”——就算他们不说,我也知道他们是这么想的。

“可是,通过练习,不就可以培养团队合作的精神了?”

这个吉川惠,真是多管闲事。烦人!

“还是听听他本人的意见吧。咱们随便这么决定,也不尊重富田君。”福本说。这家伙也够讨厌的。

“富田君,怎么样?如果你同意的话,我想全班同学都会对你感激涕零的。”

古贺带着一点儿挖苦的语气说。我觉得,和福本相比,古贺还稍微好点儿。不过,只好一点儿。就像鼻屎和眼屎的区别吧。

“不好。”我低着头说。

“哦,好!”古贺和福本很干脆地接受了我的意见。马上开始寻找其他的人选了。

吉川惠有些难过地看着我,好像在说,难得有这么好的机会可以和大家搞好关系,你为什么拒绝呢!

真是个什么都不懂的白痴。我从小学开始就一直上的男校,所以对女生几乎一无所知。要都是这种家伙的话,那还是不知道的好。

真讨厌!去死吧!

我抓起一把沙子,啪嗒啪嗒地撒在自己的帆布鞋脚尖的位置。反复地撒着。

我想快点儿回家。我想见老鼠大王。

启禀大王:

大王，我没做错吧。

白天几乎都在睡觉的老鼠大王，一到傍晚就很精神——就好像是专门为了配合我在家的时间似的。

我趴在地板上，两只手托着腮帮子，出神地看着在转轮上飞跑着的老鼠大王。这是我每天最开心的时刻。

学不学习都无所谓。自从转到这所学校以来，每次测验我都是年级前几名。就算上课看小说的时候，被老师点到，让我回答问题，我也能回答出来。

我以前的志愿是当医生。从上小学开始，一直都是。

可是，自从爸爸死了以后，我的梦想就变了。我读了一本书，上面写着，在所有的动物里，只有人会自杀。我觉得很不可思议，为什么人会有自杀的念头呢？所以，我想当一个脑科学家。但是，这个梦想能不能实现，我现在已经不知道了。

从小学到去年的第一学期，我上的都是名校。那是一所很有名的私立大学的附属学校。学费虽然贵，但保险公司赔的钱，加上妈妈也找了工作开始挣钱了，学费应该是不成问题的。实在不行，跟爷爷奶奶说一声，也总会有办法的。

出问题的是我。

上学对我来说，成了一种痛苦。我每天上学都要乘电车，而在车站等电车的时间，成了我最大的痛苦。爸爸就是在这个车站，从这个站台上跳下去的。我在电车门口排队的时候，心总是怦怦地乱跳。我一感觉到电车开过来的气流，一听到电车开过来的轰鸣声，就觉得天旋地转。上了电车以后，被跟父亲差不多年纪的上班族们围着，我就连气都透不过来。有一次，当电车快要进站的时候，我担心有人会跳下站台，紧张得浑身难受，最后只好中途下车去厕所里狂吐。

爸爸死的那天，跟平时一样，我和三个小学同学一起在车站等电车。听到广播里电车停运的消息，又听人说是自杀造成的，我们四个人还开玩笑说，要死的话，自己去死啊，别给人家添麻烦嘛。当时，我什么都不知道。“只有懦弱和不负责任的人才会自杀。那种人，根本就不应该来到这个世界上。”我记得当时自己这么说。那时候，我什么都不知道，真的。

到了学校以后，校内广播让我赶快到教师办公室去，然后老师带着我叫了部出租车直奔医院。在那里，我看见警察在向妈妈了解情况。那时，我才知道发生了什么事。

我跟妈妈说了想转学的事。上学放学的路上已经很痛苦了，再加上每天都会和那天在一起的同学们见面，更让我难受。

可是，我不知道转来公立学校，到底是对还是不对。我讨厌这个学校，也讨厌这个学校里的人。讨厌走在街上的人，也讨厌电视里出现的人，讨厌所有的人。我不知道这是因为转学而造成的，还是以前就已经是这样了。

老鼠大王还在转轮中跑着。一天要跑好几公里。可是，它哪儿也去不了。它的寿命最多只有三年。这短暂的一生，就是吃东西、睡觉、繁殖、磨掉不断生长的牙齿和在转轮里不停地跑。老鼠大王，是不是和爸爸很像呢？又或者，是和我像呢？

老鼠大王：

明天开始我得早起了。因为要去练习蜈蚣竞走。

我不知道，为什么我们非做这种事不可。也不明白是不是真的蜈蚣竞走走得好了，大家就会成为好朋友。其实，就算大家都成了好朋友，那又怎么样呢？

我大概不可能成为脑科学家了。从这所三流的初中毕业，进一个骑自行车或者坐巴士可以到的公立高中，等考大学的时候就算克服了心理障碍，能坐电车了，估计那时候也考不上我想上的那个有名的私立大学了吧。

但是，如果真能成为脑科学家的话，我一定要研究为什么非要“大家”一起努力。就算“大家”一起努力了，最后还不是要分开？“大家”能一直在一起，直到最后的最后吗？——不可能。

听说那个给爸爸做头七时对大王不敬的佐藤，接替了爸爸的工作，今年四月被提拔为部长了。

爸爸从“大家”中掉队了，而佐藤却留了下来。我想不通。也许爸爸不是掉队，而是被谁——不是佐藤，是某个“大家”排挤掉了吧。

老鼠大王还是专心地在转轮里跑着。它跑的时候根本不看我。不管我问它什么，不管什么时候问，它都不回答。

可是，正因为这样，我才觉得大王是知道答案的。它比那些动不动就好为人师的人，懂得更多，更深。

大王，快点儿跑吧。再快点儿，哪儿也别去，就在这儿跑吧。

等我初中毕业的时候，你，一定已经死了吧。

4

蜈蚣向前摔倒了，是因为我。十个人一组，我排在从前数第六个——我不喜欢把手搭在前面那个人的肩上，也不喜欢后面那个人把手搭在我的肩上。真别扭。我快透不过气了——一想这些，脚上的步伐就乱了。

"喂，谁呀！又错了！！"

体育馆里响起古贺发脾气的声音。同组的人一齐看着我。

我把脸扭向一边，说了声"对不起"。只能道歉了。一方面，我嫌找借口麻烦，另一方面，这已经是我第五次或第六次犯错了。

"富田君，大概你喊口令的时候没出声吧，所以容易错。我不是说了让大家一起喊吗？你为什么不喊？"

古贺摆出一副教练的派头。他旁边的福本也双手交叉抱在胸前，点头附和着。

能顺利地从体育馆的一端走到另一端就算合格——四个组里，只有我们第三组还没合格。

"来，再来一次。没时间了，大家跑步前进！"

脱下长长的像滑雪板一样的"脚"，大家抱着它，回到体育馆一端。站在起跑线上，大家把自己的脚伸进蜈蚣"脚"的皮带圈里，把手搭在前面一个人的肩上，跟着最前面那个人的口令"右、左、右、左、右、左"地原地踏步。"好，齐步——走！

先迈右脚。一、二、三，右、左、右、左”——这个组的其他家伙们也反复喊着“右、左、右、左”。

我没出声。只是稍微动了动嘴。只要我自己心里明白就行了，为什么非要大家一起大声喊呢？

右、左、右、左、右、左、右、左……

讨厌。真的，讨厌极了。

右、左、右、左、右、左、右、左……

已经合格的家伙们在两边站的站，坐的坐，和着我们的节奏拍着手。还有人不断地喊着“不错，不错”、“再坚持一下”。

右、左、右、左、右、左、右、左……

吉川惠也是其中之一。“加油！”她把两只手做成喇叭叫着。讨厌。这家伙，真讨厌，我真恨不得杀了她。“大家集中精力，加油！”——别再说“大家”了，别再喊“加油”了。

右、左、右、左、右……左……咦？该右了？咦？咦？

右脚被皮带勾住了。左边的“脚”停在了一半的位置。我身体失去了平衡，急忙去抓前面那个人的肩膀，可是，没抓住，于是，我向前倒去。

“怎么搞的！？别太过分了！第六个！又是你！”

古贺大声斥责着。他没点我的名字。看来，他是真生气了，而且我也知道，他是真的讨厌我。

我无所谓。正好下课铃响了，下一节是语文课，是村内老师的。他的课还是很难懂很无聊，但是，比起这个来，要好得多了。

我很快站起来，把“脚”脱了。正想就这么离开体育馆，却听到福本说：

“大家等一下。还有几分钟课间休息的时间，我们再练一次吧。就从刚才摔倒那个地方开始，希望尽量能走到终点。”

讨厌。我没停下脚步。

“富田君，大家都练呢，你也过来。”

我讨厌福本说话的腔调。还是古贺的怒吼“蠢货！不许走！”好一些。

我一边继续走，一边转了半个脸过去，跟大家说：“我不练了。”

“别那么任性！”

古贺真烦人。而且，脑子又笨，又什么都不懂。让我来好好教教他吧。

“我看，你应该去读读法律。没有哪条法律规定人非得练这个的。”

“这和法律无关！”

“有关。”

古贺还在大发脾气，福本也高声说着什么“班级最重要的就是团结”之类的话。而我则头也不回地走了。

“算了，来，我代替那家伙，再练最后一次。”

我听见福本的声音。你看，我边走边笑——不是有人替我嘛。没有哪件事少了我不行。“右、左”……福本肯定比我走得好多了吧。有福本在，第三组一定能很快走到终点吧。

就像爸爸和佐藤那样。

启禀大王：

我的做法比起努力过头而自杀要好多了吧。

“别让其他人为难！蠢货！”

古贺最后怒吼道。没错没错，我笑着走出了体育馆。那家伙虽然笨，但这句话倒没说错。

大王：

“爸爸自杀”的那个拼图，其中一片我找不到了。

爸爸没有留下遗书，也许是一时冲动跳下去的吧。他难道一点儿也没考虑过妈妈和我吗？从“家属”变成“遗属”的我们，是多么难过，多么痛苦，多么为难，难道他都没想过吗？

大王，那片拼图是不是被你藏到笼子里去了？

已经打上课铃了，可教室里只有我一个人。当铃声的余音散去的时候，村内老师走了进来。他一脸诧异地问我：“其他人呢？”

我说，都在体育馆呢。于是，他又问我：“那，富、富、富田君，你、你、你为什么在这儿？”

我有些吃惊。不是因为这个问题，而是因为每星期只有四节语文课，而他竟然记住了我的名字。

“因为，到上课时间了。”

老师“嗯……”地点了点头。站在讲台上盯着我看。我不由得把目光移开，这时，走廊上传来嘈杂的声音。是那些家伙们回来了。

第一个冲进教室的福本，像是代表大家似的跟老师道歉：“对不起，课间休息的时候我们也在练习，所以迟到了。”其他人也疲疲沓沓地进教室，疲疲沓沓地坐在座位上。古贺也进来了。他瞪着我，嘴巴动了动，好像是在说：“回头再找你算账！”同时，他对不肯把课让出来的村内老师也是一肚子气，于是故意大声说：“啊，啊，我们去练习了。”然后坐在座位上。

这时，老师用很平静的语调说：“练习吧。如果大家想去的话，可以去，练习。”

“真的？”

老师对吃惊的古贺笑着点了点头。

“哇！太棒了！好，全体跑步，向体育馆，出发！”

古贺喊着口令，大家有些迟疑地站了起来。

吉川惠——有些担心地看看我，也站了起来。她回头看了我好几次，像妈妈那样，好像要说什么似的，但是，什么也没说，和大家一起走出了教室。

我还坐在座位上，没有动。即使教室里只剩下村内老师和我，我也没站起来。

心怦怦地跳得厉害。头晕目眩。我没想到事情会变成这样。

大王，我该怎么办？

老师站在讲台上看着我。一直看着。我低下头，打开课本。请开始上课吧——我想说，可我喘不过气，说不出话来。

“富田君，你，不去，体育馆吗？大家，都去了。”

没办法，我只有接受老师的提议——总比跟他两个人单独待在这儿好。

对吧，大王？

我，没做错吧？

我使劲把椅子向后一拉，站了起来。“啊，对了，我是该去了。”我装出刚刚醒悟过来的样子。因为我不愿意从老师的面前走过，于是从教室的后门出去了。

体育馆的二楼是观众席。估计班里那些家伙没人注意我，就算注意到也无所谓——我坐在了观众席上。

一楼的家伙们练习蜈蚣竞走的场面混乱极了。其他班的同学肯定也让老师腾出上课的时间了吧。二年级二班因为到得晚，地方已经被别的班抢去了，所以只好在靠墙的一小块地方练习。分组练习的时候，不是互相撞上，就是没走几步就碰到墙壁了。

全是白痴。我冷笑着，把目光转向别的班级。从现在这个位置看出去，哪个班走得好，哪个班走得不好，一目了然。既有能像水黾一样轻快自如的蜈蚣，也有走两步就摔倒的蜈蚣。摔倒的方式也各有不同。全体往前倒的蜈蚣很快就能站起来，而往两边倒的蜈蚣要费很长时间才能重新开始。

二年级二班，走得马马虎虎。但是，和走得像水黾一样的蜈蚣相比，他们抬“脚”和落“脚”的时候很笨拙。

这是什么原因呢？我边看边想。不一会儿，我就发现问题出在哪儿了。

因为这十个人排队的顺序和他们的身高不合理。所以，抬“脚”落“脚”就配合不好。当他们把“脚”抬起来时，个子高的和个子矮的抬起的高度不一致。理论上，要走得好，就应该按照个子的高矮顺序排队——高的在前，矮的在后……不过，前面的家伙太高的话，后面的人就看不见前面，会很危险的。还是应该让声音大，而且有领导才能的人排在第一个。所以，排头不应该按个子来选……排在最后的人因为要检查队伍走得直不直，所以应该让个子高的排在最后，那就是说，从第二个到第九个按高矮顺序排好就行了……

古贺也好，福本也好，都没有注意到这一点。所以，他们只会叫“加油”。蠢货！这些家伙们，真是够蠢的。我知道为什么走不好，知道得很清楚。啊，第二组摔倒了。你看，排在第三个和第四个的人，个子差得那么远，当然会摔跤啦。蠢货们，去死吧！

不知为什么，我有点儿替他们着急起来。要是在以前那个学校，几个脑子好使的同学肯定一开始就能想通这个窍门的。他们现在按照进度在上二年级第二学期的课了吧。而现在这个班里，有的家伙连英语的第三人称单数要加“S”都还搞不清楚呢。哎，就算告诉他们，他们都不会相信吧。

以后，我大概再也见不到以前那个学校的“大家”了。我从那个学校的“大家”中掉队了。可是，我又不想跟这个学校的“大家”在一起……大王，老鼠大王，我该和谁成为“大家”呢？

第二组又摔倒了。就像我在第三组的时候一样。第二组的倒数第二个人是吉川惠。“别灰心，别灰心，加油！”她对大家喊着，鼓励着。与其喊这些无用的话，不如把位置换换。傻瓜，真是个讨人厌的家伙。

真替他们着急。我的膝盖下意识地晃动起来，呼吸也困难了，嗓子眼好像被堵住了。胸口没有怦怦地跳了，而是像被什么东西勒紧了一样疼起来。

别练了，全都别练了。只要我打个电话，一切就会结束了。马拉松接力赛的那个电话，连我自己都感到意外，我居然没怎么紧张。“如果举行马拉松接力赛的话我就死给你们看，如果你们想杀了我就开吧，你们会后悔一辈子的。”——打电话的时候，我一口气说完了这些话。

心开始怦怦跳，是在放下了公用电话的话筒之后。

然后，第二天到学校去，在临时的全校早会上，校长宣布了取消马拉松接力赛的决定。然后，我的心就像被什么东西勒紧了似的，疼了起来。

不是害怕被别人揭穿。我自己知道，绝对不是。回家后，我进了自己的房间，直到妈妈回来，我都没有开灯，只是一直盯着在转轮上跑得不停的仓鼠看。也就是从那天开始，仓鼠变成了老鼠大王……

第二组终于到达终点。虽然比其他组慢了很多，但古贺仍然大声地表扬他们：“不错，就这样！”福本也鼓着掌，吉川惠和后面的女孩子高兴得拥抱在一起。那个笑容，在我眼前晃来晃去，变得模糊了。

爸爸……

正当我在心里想念着爸爸的时候，感觉到身后的通道上有个人。

村内老师站在那儿。

“哎呀，我、我、我以为你会，离体育馆，远远的呢，还、还、还在学校里到处找你呢。”

他用西装的袖子擦了擦额头上渗出来的汗珠，笑着说：“你，真会，找地方。”

5

老师在我斜后方的椅子上坐下。那个位置既不是前面，也不是旁边，我们像是完全不相干的两个人，于是，我问他话的时候，连头也没回。

“为什么你决定不上课，同意他们来这儿练习？”

老师沉默了一会儿，说：“嗯……没什么特别的原因……”看来，他对自己决定的事毫无自信，那语气也怪怪的，于是我又故意问：

“是不是不想惹大家讨厌？”

“那倒不是。”老师笑着说。

“但是，你毕竟是屈服了，对吧？”

老师笑着，使劲摇了摇头，结巴着叫出我的名字。

“富田君，其实，我是想，和你，好好谈谈。平时，只有，在语文课上，才能碰见。所以……”

“……为什么？”

“因为，我不希望，你，再打，那种，电话。”

听声音，他并没有生气。

我沉默着，盯着自己的脚尖看。

大王。

大王、大王，快告诉我，我该怎么办？我该怎么回答他？还是干脆什么都不说？我继续在这儿呆下去吗？还是应该逃走？可是，我能逃到哪儿去呢？到了明天，我又该怎么办呢？

“富田君。”

老师轻轻地说。

“教委，把电话，录了音。你看，已经是，这个时代了。这个学校的，好几个老师，都听过了。春假期间，就知道了。虽然，不知道，具体是谁，但怀疑两三个人。你，就是，其中之一。”

我闭上了眼睛。大王。我怎样才能逃走？站起来，跑到最前面，然后跳下去就行了吗？

“那时候，你一定，很痛苦吧，富田君。”

老师的声音离我很近。我想，他说话的时候，一定把身体往前探了探。

“自从，你爸爸，去世以后，你一直，都很，痛苦吧。以前的，学校，也退学了，你一定，很不甘心吧。”

老师什么都知道了。尽管他是四月份才来这个学校的，到现在连两个月都不到。虽然，这次是我和他第一次单独谈话，但当我闭上眼睛，听着他又结巴又颠三倒四的话的时候，却不可思议地有种亲切感。我想，在很久很久以前，我还在念小学的时候，爸爸还活着的时候，妈妈还很爱说话的时候，老鼠大王还没出生的时候，我和老师，一定在什么地方见过吧。

大王。

其实，我知道“爸爸自杀”拼图上最后的那一片在哪儿。

就在我这儿。

爸爸根本没有想过妈妈和我。他就那样，一个人默默地选择了死亡。

可是，那片拼图一旦拼上去，就再也拿不下来了。所以我要让“爸爸自杀”的拼图，永远永远，都无法完成。

“终于赶上了。”老师说。

“幸亏来得及，能遇见你，太好了。”老师开心地、满足地说。

我仍然闭着眼睛。“是不是应该去自首？”我问。这会被定什么罪呢？威胁？妨碍公务？可我才十三岁啊……

“什么，都不用做。只要，今后，不再，打那种电话，就行了。”

“……你肯原谅我吗？”

“学校，并不是警察局。”

“可是，马拉松接力赛……也有人盼了好久呢……”

“嗯。应该有吧，有很多吧。”

“可是……因为我，被取消了……”

老师放声大笑。一边说着“对、对，嗯、嗯，对、对”，一边点着头的那种笑。

“富田君，好像，不希望，自己，被原谅啊。”

“没那回事。”我正想反驳，老师却说：“这样，已经足够了。”他反复念叨着，“足够了，真的，已经够了。”

“富田君，你也赶上了。”

“……什么意思？”

“你，也赶上了，在讨厌自己之前。”

我张开眼睛。慢慢地、用了很久，使劲地抬起了眼皮。

体育馆的一楼，大家仍旧在练习蜈蚣竞走。有啪哒啪哒前进的蜈蚣，有小心翼翼前进的蜈蚣，有摔倒的蜈蚣，有正在爬起来的蜈蚣，有坐在地板上喘息的蜈蚣……

“老师！”

“嗯？”

“我们，必须跟‘大家’在一起吗？”

“不光是马拉松接力赛，或者蜈蚣竞走。”我特意加上了这句。老师好像完全听懂了我的意思，往前探了探身体，看着我的侧面。

“你，讨、讨、讨、讨厌‘大家’？”

“嗯。”我点点头。第一次转向老师，说，“非常讨厌。”

我们的目光相遇了。老师和刚才在教室里的时候一样，凝视着我。可是，又和刚才不同。现在，我感到他的眼神安详宁静。相比之下，他刚才看我的眼神，则充满了悲切。

“我也是。”老师停顿了很长时间才说。而且，又停顿了更长的时间以后，说：“讨厌‘大家’。”我看得出，他不是在附和我，而是发自内心的，真的讨厌。

“真的？”

“嗯。如果‘大家’是‘大家’的话，我真的，很讨厌。”

“等等,我不太明白你的意思。”

老师笑着说了声“是吗”,然后指着一楼说:

“那儿的那些人……是‘大家’吗?”

我点了点头。于是,老师一边用手指大大地画了一个圆,一边问我:“大家,都只能叫‘大家’吗? 难道没有不是‘大家’的同学?”

“有几个知道名字的,同班的那几个。”

“比、比、比如说?”

“古贺啦、福本他们……”

脱了蜈蚣“脚”,正在休息的吉川惠,突然往这边看了一眼。她好像看见我和老师了,有些吃惊,然后笑着朝我们挥了挥手。

老师有些羞赧,没有挥手,只是对她点了点头。

“那个孩子,叫什么? 我忘了她的名字了。富、富、富、富田君,你知道吗?”

“……叫吉川。吉川惠,坐在我旁边的。”

听到我的回答,老师竖起了三根手指,笑着说:“你看,已经有三个人,不是‘大家’了。”

搞什么嘛。我觉得有些扫兴。“要是这样的话,那班里所有的同学,不都不是‘大家’了吗?”——我真想跟老师说。

可是,不知为什么,错过了说的机会。我看着一楼靠墙的位置——二年级二班的家伙们都在那儿。吉川惠、古贺、福田,还有他们周围的几个家伙的脸,都好像变得清晰起来。

那家伙,是石井。他旁边的那个是青山,现在笑着的那个叫野村,野村后面,正说话的那两个是神田和长峰,那个女生叫中村,并排靠墙坐着的两个,一个是柳原,一个是圆山……

虽然跟他们都没怎么说过话,但他们的名字我竟然都叫得出。连我自己都觉得不可思议,让我有些懊恼,又有些开心。

吉川惠休息够了,穿起了蜈蚣的“脚”。她一边等着大家,一边又朝我们这边看过来。有点儿担心,又有点儿着急地,悄悄把右手举起来,好像在说“过来啊”。

开始走了。右、左、右、左、右、左……还是抬“脚”的时候有问题。

“战术错误,”我对老师说,“应该按高矮排好队才能走好,肯定的。”

“嗯，说得没错。”

“古贺和福本根本不懂。那两个白痴。”我恶狠狠地说着。

而老师却很平静地附和着我：“那你告诉他们啊。他俩一定会高兴的。”

我又闭上了眼睛。这一年来发生的伤心事和遗憾的事，都一幕幕地在我眼前出现，又消失。

最后出现的，是爸爸的脸。送那只仓鼠给我，抚摸着我的头说“对不起”时的爸爸的脸，隐约的浮现在黑暗中。

“现在不说也行。”

我听见老师的声音。

“什么时候都行，反正，还来得及。”

“可是……我爸爸……已经来不及了吧……”

第一次，我的胸口猛烈地震颤着，爸爸好像就要从里面溢出来了似的。“爸爸……爸爸……爸爸……”我反复地叫着。我哭了，但我还是不停地叫着。

爸爸、爸爸、爸爸、爸爸、爸爸、爸爸……

我看见了他的脸，听到了他的声音，我们一起去兜风。一起看棒球的夜场比赛。有时候被爸爸训，可是，有时候他也会鼓励我，对我笑，抚摸我的头。我们一起看焰火，他还帮我写喇叭花的观察日记。马上就要到夏天了。

老师的手，搭在了我的肩上。

老师，请别说话——我在心里祈求着。拜托您，现在，请什么都别说。

过了一会儿，老师的手从我肩上移开了。他一直都没有说话，仅仅是把手放在我的肩膀上。

等眼泪回去了，我慢慢睁开眼睛。老师已经不在了。

启禀老鼠大王：我觉得，这是最后一次向你禀告了。

大王。

我真的赶上了吗？

我，真的还能赶上吗？

我可以笑吗？你看见我的牙齿，会觉得害怕吗？

大王。

我想原谅爸爸了。

仓鼠还在转轮中跑着。在笼子里，在直径没有二十厘米的转轮中跑着，每天要跑好几公里。

突然间，我想，虽然它哪儿都去不了，可是，它一定有自己的方向的。

而且，如果最后，它真的能够到目的地的话，那多好啊。

客厅里的电话响了。拿起听筒的妈妈和对方互报姓名之后，叫我听电话。

“是你们班的古贺君打来的。”——我正在等这个电话。

“听说，傍晚的时候，你打过电话给我？”

他的声音里还残留着中午的怒气。“我刚才参加社团活动，刚回来……你，找我什么事？”——后面这句话，他的声音里微微带着一点点，真的只是一点点，想要和好的意思。

隔壁隐约传来转轮咔哒咔哒咔哒咔哒的声音。连续的，毫不间断的。

我深深地吸了一口气，紧紧握住听筒，慢慢地说：

“那个，蜈蚣竞走……”

“我有个好办法，”我继续说。

“真的？”古贺问我。声音里透着兴奋。真是个单纯的家伙。我眼前浮现出他笑得很开心的表情。还有那个爱多管闲事的啰嗦的女生，说不定，也许是根本不可能的，但是，也算是万分之一的奇迹吧，我好像，有一点点喜欢她。

向北前进

1

今年，我给初中所有教过我的老师都寄了贺年卡。我在卡片上写道：承蒙您的关照，我非常高兴，因为我马上就能从这所学校毕业了。你们都是活该！——我本来想把这句话也写上去，不过想想还是算了。这点儿常识我还是有的。

有一半左右的老师给我回了贺卡。可是，除了姓名地址以外，几乎都是打印出来的千篇一律的客套话。只有两个老师在贺卡上添了几句手写的。

一个是我的班主任森老太太。因为森老师的年纪大了，所以叫她森老太太——听说五年前她还没这么老的时候，叫森大妈。

希望凉子你将来回首自己的初中生活时，会有和现在不同的感觉

文笔非常好。好得让我觉得让她当英语老师有些屈才。我知道，她这句话里包含了好多好多层意思，但她并不明说，而让我自己去体会。

另一个人，让我很意外。他就是十一月份调来我们学校，教国语选修的代课老师。他也给我回了一张手写的贺年卡。

智力问题　教室的黑板在东南西北哪个方向？

一月五日那天，我读着这张贺年卡，不由得“啊？”地叫了一声。“真是莫名其妙”我心里想。不过，这种“莫名其妙”倒挺符合村内的风格。

村内老师调来我们学校，本身就是件莫名其妙的事。首先，去年也好，前年也好，都没有在学年当中调进来的老师。其次，教我们国语选修课的石川老师也没有请长假。再说，村内来我们学校之前是公立中学的代课老师，到底是通过什

么关系，竟然被我们这所被公认的“名校”——女子大学的附属中学所录用了呢？

而最让我想不通的是，村内老师竟然成了我的F·T。从来没听说过代课老师也能当F·T的。更何况，听说，村内老师只负责我一个人。

也许，学校已经放弃我了。所以他们随便找个人当我的F·T，然后就任我自生自灭了吧。

我无所谓。其实，我也放弃学校了。彼此彼此。

自入学以来，F·T从来都没有管过我。我以前的F·T是教一年级社会课的植野老师，除了师生见面会以外，我和他一句话也没说过。

F·T是我们学校独有的、颇让人引以为豪的一个制度。全称应该是FELLOW TEACHER——也许可以翻译成“知心老师”吧。就是除了班主任以外，单独照顾某个学生的老师。比如有些跟班主任不太好说的事，或者想听听除了班主任以外的其他老师的意见，这时就该F·T上场了。在初中的开学典礼上，校长很得意地说这是一个“对学生进行非常细致的指导”制度。而我却觉得，这个制度愚蠢得可笑。本来嘛，光是父母和班主任就够烦的了，再加上一个大人来管我们，那我真不知道该怎么办了。也许从那一瞬间开始，我就走上了背离这个学校的道路吧。

总之，村内老师是我的F·T，还教我国语选修课。不过，目前为止，我还从没跟他单独说过话——也许到毕业都不会吧。

因此，村内老师给我寄来贺年卡，实在让我觉得很意外。

可能因为他是新来的代课老师，所以在这种方面比较注意吧。也可能是因为收到学生寄的贺年卡，他特别高兴。还可能是因为他特别爱写东西，好动笔呢。——这也不难理解。因为他除了写信之外，也许没有其他方法和别人沟通吧。

村内老师，他不能很流畅地说话。总是结巴，结巴得让听的人都觉得难受，特别是每句话开头的那个词，他总是要反复说上好几遍。

你、你、你、你、你、你好。

我、我、我、我我我是，村内。

总是这样。

如果他不说话，给人感觉就是一个很普通的小老头。其实，不需要怎么说话的工作，要多少有多少，可他为什么偏偏要当老师呢？作为学生——坦率地说，他是在给学生添麻烦。

第三学期开学的那天，我到了学校，悄悄从书包里拿出一个指南针。虽然这是一个正好可以藏在手心里的小小的便宜货，但我还是特意跑到车站前的文具店去买的。

我把它放在桌子上，让指针指向北。表盘上的 N——我第一次发现，NORTH 的 N，应该代表 NO 吧。这个字真好，我想着，脸上的表情也稍微放松了一些。

那么，S 就是 STOP、E 就是“容易”的 EASY 或者“空”的 EMPTY，不错不错，W……让我想想，对了，就是“软弱”的 WEAK。好棒！我不禁做了个小小的表示胜利的动作。

我是 N。一直都是 N。总是不停地抱怨，总是有太多的烦心事，总是想从学校逃出去。所以，我的指针，总是指着 N。

教室的黑板是 WNW——西北西。大致上来说，就是“西”。我以前竟然不知道。可是，现在知道了，又怎么样呢？并不能改变什么呀。

莫名其妙。我歪着头，用手指轻轻摆弄着指南针。指针晃了晃，涂成绿色的指针指向了 E。

“凉子！”

坐在我前面的千寻转过头来问我：“冬季补习班，上得怎么样？”

“一般。”我答道。

千寻探过身子，笑着又问道：“有没有帅哥？”

“有，不过和我无关。”

“上课都干什么呀？”

“学习啊，还能干什么？”

“不累吗？”

“都快累死了。”

算了，还是笑笑吧，我心里想。笑起来比绷着脸要轻松得多。千寻看我笑了，也给我回了一个笑。旁边的几个同学也围过来了，她们和所有女孩子一样，会发呆，会讨论，会笑，会吵闹，会成为好朋友。

“到底有什么不满意的——？”

森老太太曾经这么问我。那是在第二学期结束以后的单独面谈时，全班只有我一个人谈了三十分钟。

“你是直升上来的吧？应该有很多小学时候就在一起的好朋友吧？今后，你可以和这些朋友们上同一所高中，同一所大学，友情越来越深厚，不是挺好的吗？真正的友情要十几年才能培养出来的。只有在咱们这种附属中学才能有这个条件做到，你为什么偏要去考别的高中？”

我低着头不说话。森老太太和我之间的桌子上，放着我十月份交上去的升学意向调查表。在我们这所历年来都以内部升学率百分之百为骄傲的学校，这张表格其实只是一个形式而已。调查的选项也只有两个。一个是附属高中，一个是其他高中。我在“其他高中”这一项上打了一个圈。我记得当时自己还用铅笔写了一句“无论哪个高中都行”，不过现在被森老太太擅自擦掉了。

交了升学调查表以后，我的父母被请到学校。知道我去意已决的父母，只是一味地道歉，说着“对不起”。干嘛非要道歉啊？所有的费用，包括比其他学校略贵的学费、入学费、赞助费、设备维修费、同窗会费等等，只要学校要求的，我们都交齐了，零借贷。所以，我们既没有道歉的必要，也不应该有被留下的理由。

可是，爸爸也好，妈妈也好，还是满怀歉意地弯着腰，无数次地对森老太太道歉。

“对不起，对不起，我们这个孩子从来都是说一不二，谁的话也不听，实在是被我们宠坏了。可既然她本人说了想考其他的高中，我们作为父母，也不能阻止，实在是对不起。我们跟她说，班里其他同学都要直升高中部，可这孩子太顽固，就是不听话，对不起，真的非常抱歉……”

爸爸妈妈的道歉，也许不是因为我没有直升高中，而是因为我选择了和其他同学不一样的答案吧。

“哎，这是什么？”

千寻看见了我桌子上的指南针。“凉子，你最近相信风水了？”

“你们看，很久没见过这个东西了吧？”她把指南针拿在手里，跟周围的同学说。

“千寻,你知道黑板是在东西南北哪个方向吗?”

“啊!?”

“是在西边。”

“真的?”千寻用手上的指南针确认了一下。“啊,真的!”

“对吧?是西边吧?”

“……那,又怎么样?”

我从千寻手上拿回指南针,笑着说:“没怎么样。”

“话说回来,”千寻又把话题扯回到冬季补习上。她和我一样,都是从附属小学直升上来的。高中她也会直升,大学呢,如果没特殊情况的话,也应该会直升吧。她对升学考试充满好奇,可是自己又不愿意考。——就是因为可以不用参加升学考,才上这个学校的。如果用指南针来说的话,千寻的方向应该是东。EASY 的 E。

我们聊了一会儿,就到开学典礼的时间了。在往礼堂走的路上,闲聊也并没有停止。和不同的同学聊不同的话题,是一种默契。如果不是从小学就在一起玩的朋友,是做不到这一点的。初中才考进来的那些同学,最终还是不能和我们达成这种默契。

这种默契,没有也罢。

这个道理,是一个同学告诉我的。

不过,她现在已经不在这儿了。比我先走了一步——朝北边,NO 的 N 那边。

我也会随着那个把全校同学叫“杀人凶手”的她,离开这里。用她的话来说,我也是“杀人凶手”之一。

2

下了国语选修课,我在走廊上追上了村内老师。

“老师，我知道答案了。”

我既没提“贺年卡”，也没说“智力问题”，不过老师一听就懂了。“啊，是吗？”他笑了。“是西边吧？”我说。“嗯。”老师对我使劲点了点头。

“那……这个智力问题，是什么意思？”

“没什么。就是，觉、觉、觉得，挺有趣的。”

老师的话说到一半，开始结巴了。也许是因为对这种单独的对话，他很紧张吧。他的眼神也变得神神秘秘的。

“这有什么有趣的啊？”

“你可以想象一下。”

“想象什么？”

老师深深地吸了一口气，调整了一下呼吸，说：“篠泽同学，你是三年级二班的吧？你们班的，教、教室的，黑、黑、黑板是在西边。”他看我还是一脸的莫名其妙，于是又深吸了一口气，继续说：“那那那那那、那那那、那、那、那么……”——他像模仿机关枪发射的时候一样，结巴得很厉害，然后，把胸腔里剩下的气息全部用上，继续说：“别的，教、教室呢？”

“别的……”

隔壁的一班和三班，还有四班，课桌的朝向跟我们班一样，所以黑板也是在西边。一年级和二年级分别在同一幢教学楼的一楼、二楼和三楼，我想课桌的朝向也跟我们一样，所以，黑板也是在西边。

“黑板，都在西边。”

“嗯，答对了。”

“这个答案很有趣吗？”

老师苦笑了一下，那神情好像在说“你还没懂啊”。

你现在照我说的想象一下。大家都坐在座位上，对，不仅是三年级二班，其他班的同学们也都坐好了，一年级、二年级都坐好。对，就这样。来，你想象一下，坐好。大家都面向黑板……

想象出来了。全校同学都面向着同一个方向——西边坐着。

“啊，是这样啊！”我大声笑了起来。

的确，很可笑，很有趣。全校将近四百个学生，大家全都无一例外地，面向西坐着。如果硬让我说哪儿有趣的话，我也说不清楚，但是，我的确觉得很有趣。

好不容易止住了笑，我用手揉着肚子，抬起头来，这时，和老师的目光相遇了。

老师没有笑。虽然他比我晚了一拍，"哈哈"了两声，但是在那之前——他好像是有些伤感地看着我。

全日本，无论哪个学校都一样。无论，哪个学校的，黑板，都在西面的墙壁上。

"是吗?"

嗯，是的。法律上，规定的。你好好想想，就知道，为什么了。这是智力问题的，第二问。

"啊?"

老师这次微微笑了一下，一个人走了。真可恶！我觉得有种被戏弄了的感觉。瞪着他的背影，我在心里骂了一句："该死的!"这时，老师转过身来说："噢，对了。篠泽同学，你那篇修学旅行的作文，你写得很好！我就喜欢那样的作文。"

"……你看了?"

去修学旅行、写作文，是五月份的事。

老师笑着点了点头。虽然笑着，但笑容中却带着一丝无奈。可恶！在我的内心深处，和刚才不一样的地方，突然觉得很不痛快。这次，只是瞪他不足以让我解气，于是，对着他的背影，我毫不客气地抗议："请不要随便看人家的东西!"

不过，这次，他没有回过头来。

那篇作文，我的题目是"星鳗"。星鳗是一种鱼，经常用来做寿司的。

我们修学旅行去的是广岛。参观了原爆纪念馆和和平纪念资料馆，吃了杂菜煎饼，然后坐船到宫岛，参拜了严岛神社，最后进了水族馆，在那儿，我看到了星鳗。

玻璃水槽里，好多星鳗都挤在一个类似水管的管子里。教我们国语必修课的深井老师，在"挤"字那里用红笔划了个"×"，旁边写道"请再想一个更恰当的词"。可是，我觉得，那些星鳗真的是"挤"在那里嘛。十几条星鳗像是被人硬塞进管子里似的，紧紧地挤在一块儿，身体连动也不能动。十几个头从管子的一端伸出来，看着我们这边。

可是，据解说板上的介绍，对星鳗来说，这是最舒适的生活方式。它们喜欢将自己的身体尽量靠在别的东西上，如果周围没东西靠，它们就会觉得不舒服。所以，在大海里的时候，它们总是钻在海底的泥沙里。在汪洋大海中悠闲自得地游弋的星鳗——据说根本没有。

紧紧地挤在管子里的星鳗，就算全身都不能动，它们还是觉得很幸福。

和我们很像

我在作文里写道：

我站在星鳗的玻璃水槽前，突发奇想，也许会出现奇迹，也许它们其中有一个人会游出去呢？我等待着。——深井老师在“一个人”这个词上也打了个“×”，改成“一条”。

最终，那些星鳗们还是都挤在管子里。

等在出口处的森老太太看见我，面无人色地扑了过来。“你干什么去了？大家都上车了，就剩你一个人了，怎么没有一点儿集体观念呢!?”她训斥道。

我对森老师说，因为我不是星鳗。老师还是不停地骂我。她生气的样子和星鳗一模一样。——这个部分，整个儿被老师打上了一个大大的“×”。

接着是作文的结尾。

水族馆里的星鳗没有一个人从管子里出来。可是，我们学校里却有一条星鳗勇敢地游出去了。也许大家都忘了，她就是古川同学。就是叫我们“杀人凶手”的那个人。我并不想把大家说得那么坏，可是我非常理解古川同学的心情。我也想像古川同学那样，早点儿离开这个狭小的管子。

我已经做好思想准备，这个地方肯定会被打“×”的。可是深井老师却什么都没写。只是，满分十分，他只给了我两分，听说是全年级最低的。

村内老师给我出的第二个智力问题，我怎么也想不出答案。他每个星期来学校两天——因为我们只有星期二和星期五有国语选修课。上次，他给我出智力题的那天是星期二的第四节课，那天下午和星期三还有星期四，我一直都在想，可是怎么也想不出来。

全日本所有学校的黑板都是在西边——为什么？到底为什么？

上课的时候，我也呆呆地看着桌子上那个指南针。黑板是在西边的话，那操场就在南边，走廊就在北边。这么一来，走廊就一年四季都是晒不到太阳——马上就要毕业了，我才发现这一点。

星期五的第六节课是国语选修课。到了午休时间我还没想出答案。为什么眼看就要升学考试了，他还要出这种题目来为难我？一想到这个，我就是一肚子气。可是，我又不甘心就这么投降，所以去问千寻。

“什么问题啊？考试会考吗？”

“当然不会。是国语选修课的作业。”

“和国语有关？”

“没关系，就是作业。”

千寻选的是数学选修课，所以她不认识村内老师。我要是学村内老师结巴的样子给她看，她一定会笑死的。可是，如果我那么做的话——会被古川同学看不起的，又会被她叫“杀人凶手”了吧。

“黑板在西边，那就是说，操场在南边，走廊在北边……”

千寻和我的水平差不多。不过她很快就放弃了自力更生，而是叫大家一块儿来想。“喂，大家过来啊，有道智力问题。”——不愧是EASY的E。

事情一下子搞大了。而且，围过来的同学都没选国语选修课。“为什么要留这样的作业？”“国语选修课的老师，怎么这么怪啊？”她们刨根问底地追问个不停。没办法，我只好说，村内总是说些莫名其妙的话。他的确是个怪人。要说哪儿怪呢——他结巴。结巴怎么能当老师呢……我一边在心里使劲对古川同学说抱歉，一边学着老师的样子，博得大家的哈哈大笑。结果，智力题还是没解决，午休就结束了。

千寻把指南针还给我，说：“不好意思，我得赶紧做英语作业了。”就转过去了。这时，她突然叫道：“哎呀，已经暗得有点儿看不见了。”她边说边扭着身子，尽量不让自己手的影子挡住作业本。千寻是左撇子，所以她总是抱怨英语字不好写。——自己写的字，全都被自己的手遮住了，所以写了些什么都不知道。特别是下午的课最惨，手底下完全背光。

平常听惯了的抱怨，这时却在我脑海中灵光一闪。“哎呀！我想到了！”那感觉就像在一堆背面朝下的扑克牌中，偶然幸运地抽中了两张数字相同的牌一样。我想到了智力题的答案。

好不容易等到第六节课。我等不及下课,而是在老师进教室前就拦住了他。

如果从黑板入手,就很难想出答案。我最先想到的是操场的方向——也就是教室窗户的朝向。

要让教室里光线充足,那窗户必须朝南。对习惯用右手写字的学生们来说,如果光线从右边射入的话,那手的影子就会挡住作业本上的字。所以,窗户必须在学生们的左侧。也就是说,左边是南,右边是北,那很自然的,黑板就在西边喽。

我一口气说完以上的话,问老师:"怎么样?对不对?"

老师笑着点了点头,称赞道:"说得很对。"这次,他没结巴。

"可是……"

我噘着嘴继续说:"从我想出这个答案的时候开始,我就又高兴,又难过。我觉得,这太过分了,完全没有考虑到用左手写字的同学们。"

老师又——比刚才更使劲地点了点头。

"能够想到这一点,很、很、很很、很不错。"

"……那我的意见,也没说错吧?"

"嗯,你、你、你的,意见,很、很、很很,重要。"

"是重要?……应该是正确吧!"

我自信地说。明摆的嘛,这对用左手写字的同学是一种歧视。

可是,老师却没有点头。而只是有些为难的——像星期二那天一样,无奈地笑了笑。

真可恶!在内心深处和星期二那天一样,非常不痛快。

"谢谢老师!"

我故意说得很慢。老师有些不解。于是,我继续说:"老师,您虽然是代课老师,但是您很适合我们学校。"

"……是吗?"

"嗯。因为其他老师不会告诉我们,学校是个多令人讨厌的地方。真的,多亏了您给我出的那个智力题,我才更讨厌学校了。谢谢您!"

说完,我鞠了一躬,说了声"我肚子疼,要去保健室"就转身跑了。他没追我,也没叫住我。我跑了几步,转身看他的时候,他已经进了教室。空荡荡的走廊,显得更长了。

3

第三学期的补习班和冬季补习班一样人满为患。

我一看到有新来的同学，就主动跟他们搭话，不管是男生还是女生。其实，从十月份开始上补习班以来，我一直都是这样。

“喂，你是哪个中学的？”

第一句话，我总是先问这个——如果对方是我知道的学校的学生，我就会支吾两句，然后换一个话题。而如果是第一次听说的学校，我就会探出身子，继续问：

“你们学校，有没有一个叫古川的同学？古川翔子？”

每次的答案都让我很失望。

被我问的同学也会反过来问我：“你是哪个中学的？”当我报上我们学校的名字以后，他们无一例外地都会露出非常意外的表情。

你们学校可以一直直升到大学呢！你为什么还要参加升学考？多划不来啊！

冷静地想想，的确是这样。三年级暑假前一直都混日子不好好学习的恶果，导致我只能报考一个很差的公立高中，那所学校的教学质量跟我们现在这个学校根本没法比。从这个角度来考虑的话，那我无疑是吃了大亏的。其实，爸爸妈妈心里也一定在期待我说出“还是不参加升学考了”这种话。因此，他们才在森老太太面前低头哈腰，求她尽量把我的名字保留在内部直升的名单上，直到最后一刻。

可是，我还是要参加升学考试。一定要考，一定要离开现在的学校。我不愿意像水族馆里的星鳗那样生活。

“你为什么不继续在你们学校念下去了？”

对那些打破砂锅问到底的同学，我是这样回答的：

“因为我笨嘛——没达到内部直升的分数线。”

于是，大家就信以为真了，一面感叹着“附属中学真是严格啊”，一面安慰我。其实，只要会写自己名字，并把学费汇入银行，初中部的所有学生都能升入高中部。

问了那么多人，没有一个人认识古川的。谁都不知道她现在在哪儿，有点遗憾，不过同时我又松了一口气。

在学校，同学们叫我“凉子”，叫千寻“千寻”——而对古川却不是这么叫的。大家都是在她的姓后面加上“桑”那样叫的。就凭这一点，就不难知道她在学校的人际关系怎么样了。

古川是初中的时候考进来的。一个年级一百三十个同学，其中只有二十个人是通过考试考进来的。就像老字号烤鳗鱼店的秘制酱汁要不断地加入新的调料一样，她们就是新加入的那部分。

从小学直升上来的我们是“内部生”，而古川她们是“外部生”——包括老师在内，所有人都理所当然地用着这样的字眼。

因为外部生是考进来的，所以她们的学习能力都很强。因为外部生所在的小学是男女共校的，所以她们早熟。和家里条件比较好的内部生比起来，外部生的家境都很一般。内部生如果总是懒懒散散，不好好学习的话，就会输给外部生。可是，历来都是由内部生来担任学生会主席和运动会后援团团长，同窗会的理事长和名誉会长也都是由小学就在这所学校里的人来担当的，尽管初中高中大学都有同窗会……

这些到底是真是假，我不知道。但从上小学的时候，我就听说了很多这样的传言。

小学六年级时候的班主任星野老师，在毕业前的那次早会上毫不隐讳地说：

“你们进了中学部，也千万不能放松学习，一定不能输给那些外部生！”

直到现在，我都记得很清楚。当时老师的声音和表情都是那么骄傲，好像对自己的发言非常满意。直到现在，每当我想起这件事，都会肚子疼，头疼，浑身不舒服，起鸡皮疙瘩，坐在椅子上的时候，不由自主地想踩地板，甚至想把地板踩穿。

那时候，我总是在心里呻吟。

比疼痛更难忍的，是从腹腔的更深处迸发出来的，那种厌恶至极的感觉。

升入高中，又会有外部生进来。定员是二十名。升初中时从外面考进来的同学到时候就可以用内部生的身份，来迎接新的外部生了。

古川同学。

你还记得和你一起考进来的上田奈津吗？一年级刚开学的时候，和你一样，我们也是在她的姓后面加上“桑”来叫她的。那个当时总是提心吊胆唯唯诺诺的女孩子，现在已经完全融入到学校里，同学们也都改口叫她“奈津”了。昨天，她说：“四月份开始，会有什么样的同学从外面考进来呢？学校的气氛会不会有些不一样了？真有点儿担心呢。”——说话的口气和内容跟三年前的我们完全一样。不过，当她转身走到别处去以后，从小学直升上来的同学们就围在一起，七嘴八舌地说“摆什么内部生的架子啊！”“明明是初中才进来的！”狠狠地把她损了一顿。

我什么也没说。可是，当时我在场。讨厌讨厌讨厌讨厌讨厌讨厌……和你不认识的那个村内老师一样，我也把同一个词反反复复地说了好几遍。

古川同学。

现在我们大家生活的这个管子，实在是太憋屈了。像那些越憋屈越觉得幸福的星鳗一样，大家肯定也希望那样吧。

虽然你崩溃了，但，你是对的。

我和古川并不在一个班。也从来没有单独说过话。不过，我知道古川总是孤零零地一个人发呆。

在少数派的外部生中，古川也属于很特别的一个。她很老实，沉默寡言，和其他的外部生也不怎么说话。可是，她看上去并不寂寞，而且也不愿意跟别人交朋友。好像总是远远的、嘲讽地看着我们这些整天黏在一起，叽叽喳喳的同学们。她心里到底怎么想，我不知道，我们看到的，就是这么多。

“真傲慢！”——内部生这么说她。“装模作样！”——外部生这么说她。“在走廊上碰到时，打招呼的声音太小了！”——前辈们这么批评她。

"既然她是那种态度,那我们也有我们的想法。"——这句话是谁说的来着?我已经不记得了。

"你知不知道?最近老师叫她回答问题,她只会说'不知道'。这根本就是没把咱们学校放在眼里,根本就是看不起咱们学校。"——这话不是我说的,我可以发誓。但是,我听到了。"就是,没错!"——我没表示赞成,但好像也没反对。

从一年级的第二学期开始,大家开始故意刁难她。刚开始只是内部生,没过多久,外部生也加入进来了。相比之下,我觉得外部生做得更过分。

大家继续刁难她,而且逐步升级。没有人和她做朋友,只是没完没了地嘲笑她。

古川出事后,学校召开了临时大会。督促全校学生反省的生活指导老师藤田老师在汇报事情经过的时候,千方百计地避开了"欺负"这个词。

一年级快结束的时候开始,她就经常请假不来上课了,终于,升入二年级之后没多久,她整个人崩溃了。

那是午休的时间。从二年级一班的教室里传出了惨叫和玻璃碎裂的声音,还有什么东西重重地摔在地上的声音——原来,是古川两只手拿着椅子,挥舞着,把窗户给砸了,还把教室里的课桌也掀翻了。

立刻有好几个老师从办公室赶了过来。他们张开胳膊,一边保护着其他同学,一边对古川大喝,让她住手。最后,古川的力气用光了,头晕眼花,站也站不稳了,就那么双手拿着椅子,软绵绵地倒在了黑板前面。教室里一下子安静下来。"有没有人受伤?"一班的班主任矢野老师最先问的就是这句话。古川当时蹲在地上,可却没有一个老师去关心她有没有受伤。

我想,午休的时候,古川的行为是在发泄自己的怒气,而冲进教室的老师们的行动和语言,却直接导致她——精神崩溃。

古川三天没来学校。到了第四天,她来了。她大声唱着歌走在走廊上。一边走,一边用手指着从身边走过的同学。一边指着,还一边抑扬顿挫地反复唱着同一句歌词:

杀——人——凶——手——。

杀——人——凶——手——。

杀——人——凶——手——。

我也被她用手指了。我也被她叫“杀人凶手”了。虽然，她的眼睛正对着我，可是，眼神却是空洞的。

就在那天，古川的父母来学校，把她接回家了。

出了电梯的古川，挣脱了她父母的手，冲到教学楼的下面。

站在二楼阳台上凑在一起看热闹的我们，没来得及逃进教室，像冻得硬邦邦的冰块那样和古川对视着。

古川笑了。看着我们，笑了。但她眯成一条缝的眼睛，还是很空洞。

“总有一天——。”

古川大声说。

“总有一天，你们，会杀人的。你们，一定会成为，杀人凶手的——。”

她的语气中没有愤怒，没有抗议，也没有生气。

她是笑着说的。“拜拜——”她挥了挥手。她妈妈哭着跑过来，抱住她，可她还是在挥手。妈妈的身体遮住了她的脸，我看不见她的表情，但她的手一直在挥舞着。就像溺水的人伸出手在向别人求救，又像唱完歌的歌手一边走下舞台一边向观众致意。

她爸爸抓住了那双手。他狠狠地朝我们这边瞪着，然后把古川拖上汽车。

那是我最后一次见古川。

她退了学，也搬了家。有传言说，某个人的朋友的朋友在市内大学的附属医院见过一个很像古川的人。也有传言说，她半夜一边唱着“杀人凶手”的歌，一边在学校周围走来走去。可是，谁也没见过她。

也不知道她搬到哪儿了。我去问矢野老师，他笑着说这属于个人隐私，不能告诉我。再说，事情都已经过去，大家也都认真地反省过了，现在应该收拾心情，把精力放在学习上了。如果因为不用考升学考就偷懒的话，上了高中以后会很吃力的。

“我可以问一个问题吗？”

“嗯？”

“还有没有别人来问过古川的地址？”

“只有你来问了。”

“我还可以再问一个问题吗？”

“什么？”

“古川同学，她现在好吗？”

“这个嘛……应该挺好的吧……我也不是很清楚。”

我微微点了一下头，打算离开办公室。这时，矢野老师好像想起什么，把我叫住了。

“篠泽同学，最近听说你学习态度不太好啊。如果有什么烦恼的话，不妨跟你的 F·T 谈谈，放下思想包袱，好好努力学习吧。”

4

在上交报考公立高中志愿的前一天，早上开班会的时候，森老太太跟我说：“篠泽同学，下了课，请你到学生指导教室来一下。我要和你谈谈。”

森老太太说，她之所以找我，是要把我在初中阶段的资料和成绩报告给我——全班只有我一个人需要这个东西。但是我心里明白，她这是在尽最后的努力想说服我。估计到时候肯定不止两人面谈，而是会来好几个老师吧。

我不想去。可是，成绩报告还没到手——这是捏在她手里的一张王牌。怎么办呢？我想来想去，突然想起来，今天是星期二。村内今天会来学校。

自从我回答了那个莫名其妙的智力题的第二问以来，我们就没说过话，目光也没有接触过。可是，他说过，喜欢我写的“星鳗”那篇作文，表扬我写得好。还寄了手写的贺年卡给我。所以，我想他会帮我的吧。就算不帮我，他说话那么结巴，也能帮我磨去很多时间的。而且，最重要的是，虽然我答出了那个智力题，但是我每天还是随身带着那个指南针。

“我可以和 F·T 老师一起来吗？”

不出所料，森老太太露出一副嫌恶的样子。不过，因为 F·T 和班主任担任着同样的角色，所以既然我提出来了，森老太太也没有理由拒绝。因为，这是建立在“对学生非常细致的指导”制度——这个冠冕堂皇的教育理念上的。

“那……你自己去拜托老师吧。”

虽然我也不是很愿意直接跟村内老师说话，但是现在也顾不了那么多了。

我对正要离开教室的森老太太说：

“您可别忘了把成绩报告给我。”

森老太太回过头来，严厉地瞪了我一眼，说：“知道了。”说完摔门而去。

要是这么讨厌我的话，应该开开心心欢送我离开这个学校啊。

其实，我什么都知道。听说，保证百分之百的内部升学率和没有中途退学率，是中学部老师的最基本的工作。为了保持“名校”的传统和口碑，这两点是非常重要的。现在已经有了一个中途退学的古川，如果再连内部升学率也保证不了的话，那就很难跟上面交待了。从古川退学的那一刻起，就已经不能保证百分之百的内部升学率了——这是一个连小学生都会的简单的运算。

或者，二年级退学的学生，是不算在升学率之内的？古川一个人孤孤单单地度过的那一年多的日子，就这样被完全忽略了？

我讨厌这个学校。

第四节课下课以后，我快步走向讲台，跟正在把字典放回书架的村内老师打了个招呼。

他好像完全忘记了上次发生的事。“哦，有事吗？”他笑着问我。

我跟他说了放学后要和森老太太面谈的事，并说希望他也去。“因为村内老师您是我的F·T，所以您有这个义务吧！”——在老师还没回答我之前，我先发制人，用有些生气的语气说。我也不知道为什么我总是要用生气的语气来向大人寻求帮助。

老师也有些愣住了。“我又没说我不去。”他笑着说，而且，竟然没有结巴。“我会去的，学生指导教室，对吧？”

“嗯，对的。那我先走了。”我正要离去，他却不慌不忙地叫住我，看样子不像是有什么急事，而只是想再跟我说点儿什么。

可是，当我转过身来，他却突然——像平时一样，急躁地、喘着粗气、结结巴巴地说：

“上次的，智力问题，还有，第三问。”

“既然有的学生是左撇子，那为什么窗户还是在左边——。”

“因为……用右手写字的同学多嘛。”

“是吗。可是，上次，你，说这样，不合理，还发了，很大的，脾气吧。”

“是的。我是觉得不合理，不过，总有一方要将就一下的，所以也没办法。”

“那就是说，这种，做法，是对的？”

“准确地说，应该是没办法吧——？”

“那有没有明知是错的，但没办法的事呢？”

“应该有吧。这就是所谓的，现实吧。”

他到底想说什么啊？可恶！和他说话的时候，我总是会这样。

“我得去吃午饭了。您说完了吗？我不喜欢辩论这种歪理。”

“第四问。”

“啊！？”

“如果把窗户放在教室后面，那不管右撇子还是左撇子就都一样了，那不是挺好吗？”

“……那不是更暗了吗？对右撇子和左撇子都不好。”

“那么，要是大家都面朝窗户坐，会怎么样？”

“那多刺眼啊。再说，黑板往哪儿放呢？”

老师说，“哦，那倒是的。”他好像现在才发现自己提出的是一个多么愚蠢的问题。他笑了。

他到底什么意思嘛！可恶！不过，我也不由得对他笑了。因为全班同学都背对着阳光写字的样子呀，全班同学都面对着太阳，眯着眼睛的样子都浮现在我眼前，果然是挺可笑的。这时我发现，觉得村内老师“可恶”的身体部位和别的老师不太一样。当然，觉得别的老师“可恶”的时候，也有头脑发胀，一肚子气的感觉，但是，内心深处的感觉——稍微有一点点，是不一样的。

午休时间到了。看着变得喧闹起来的教室，老师说：“真是不可思议。”

“什么？”

“一个教室里，三十多个人，大家，全都，面向，一个方向，坐着。还有别的地方，能像这样吗？仔细想想，真是，不可思议，或者说，是，很不自然。”

我默默地点了点头。确实是这样。教室是一个不自然、不讲道理、令人毛骨悚然、不可思议的地方。

老师说："你想象一下。"

早上十点。日本所有的小学，初中，高中的，教室里，几百万人，孩子们，学生们，全都，坐在，座位上。看着黑板。面朝西，沐浴着从左边射入的阳光。

我想象着。一开始我笑着，不过，立刻，我的脊梁骨不禁打了一个寒颤。

那是个非常残酷的地方，一个非常恶劣的空间。我想起了星鳗。我们都是星鳗，无法冲到管子外面去。古川，你还好吗？在新学校里，交到新的朋友了吗？我还在管子里，浑身不能动。我讨厌学校，讨厌老师，但是，我无法离开其他同学。我们总有一天会成为杀人凶手。就像几十条星鳗，挤压着一条误入管子里的小鱼一样，我们伤害了它，我们杀了它，但是我们不知道是谁把它杀死的，只是每个人都坚信不是自己。讨厌讨厌讨厌讨厌讨厌讨厌讨厌讨厌讨厌讨厌讨厌……。

老师说："不管，哪个学校，都是一样的。"

我的脸腾地一下热了起来，可恶！内心深处，那种不愉快的感觉一下子涌上来。

我说："我不要朝着西边坐！决不！"

老师点了点。

他的笑容和某些时候一样，带着些无奈。他说："可、可、可是，不、不能，把你一个人的，桌、桌、桌子，面向后面放。"

我知道。这个我明白。我满肚子的怒气转变成了悲哀，转变成了不甘心。

"……就算桌子是朝西的，我的脸也要朝下……朝旁边，朝外面……"

眼泪夺眶而出，滑落在我的脸上。老师使劲地、慢慢地点了点头。

"这就够了。"

他的声音清晰地传入我的耳朵，传到了我的内心深处。

"这点非常重要。"

明明应该是说得结结巴巴的话，却好像和着某种节拍似的，听上去很流畅。尽管教室里有同学们说话的声音，移动桌椅的声音，但是，老师的声音没有受到任何干扰，清晰地传入我的耳朵。

“只要别忘记这个，篠泽同学，不管你去了哪个高中，都不会成杀人凶手的。”

“老师……”

“嗯？”

“重要的事，和正确的事，是不一样的吧？”

老师想了想，说：“这个嘛，我也不知道。”

怎么搞得嘛，不负责任！我心里想着，用手指擦了擦眼角，撅起嘴正要反驳，老师却继续说了下去：

“我真的不知道。但是，虽然不重要但却正确的事情，是存在的；不得不被认为是正确的事情，也是有的；本来是错的，人们却说是正确的事情，也是存在的。”

这种事情很多，报纸和新闻里到处都是。

也有不正确，但是很重要的事。可是，绝对没有不重要的重要的事。重要的事情，无论什么时候都是重要的。无论是初中生还是高中生，无论是大人还是孩子。

我好像有一点儿明白了——仅仅是一点点而已。“哎呀！”不知谁在教室里嬉笑着。“等等我！”有人在走廊上追逐。

“所以，”老师继续说，“我并不是为了要告诉学生，什么事正确的事，才当老师的。”

“什么意思？”

“我只想告诉学生，什么是重要的事。”

说完这句话，老师如释重负，长长地舒了一口气。

“还好，幸亏赶上了。”

“我？”

“嗯……幸亏赶上，在你升学考，之前，在你跟森老师面谈前，跟你，说这些话。”

“……我可以考别的高中吗？”

老师笑着点点头说，当然可以喽。然后，又说：“面谈，你，一个人，去吧。没、没、没、没关系的，如、如、如果，你知道，什么是，重、重、重、重要的事，你就，可、可、可以，一、一、一个人，走、走、走、走出去。”

这句最重要的话，他说得比平时任何一句话都要结巴。

面谈进行得出乎意料的顺利。

谈话开始之前，森老太太就把装着成绩报告的信封给我了。“考试那天，我要上课，不能陪你去，你一个人去没问题吧？”她说话的时候没有笑，但是声音中却有了一丝柔和。

“讨厌我们学校这是你的事情，可是有些话我觉得还是得跟你说清楚。对学校的看法，有些地方可能是你误会了，或者是你自己钻牛角尖了……”

她还是像平时一样老生常谈地对我说教了一番。不过，最后一句，是目前为止她从来没说过的话。

“希望你能以母校为骄傲，去迎接你的新生活。”

森老太太说完，又补充了一句：“我怎么好像嫁女儿似的，呵呵。”她第一次笑了。

能不能以母校为骄傲，对不起，我不知道。我还是很讨厌这个学校，不过，我一定会挺胸抬头地参加毕业典礼，也会跟别的同学互相交换毕业签名册，在唱毕业歌《萤之光》的时候，也许还会哭。

“哦，对了，我想起来了……”

森老太太转达了村内老师的话，让我星期六早上十点到车站的检票口去——。

“他说想带你去一个地方。虽然马上就要升学考了，你也挺忙的，但是，还是去一下吧？”

“老师……今天，你和村内老师谈起过我吗？”

森老太太微微点了点头，说：“班主任本来就应该跟F·T一起管好学生的嘛。他还说，你已经‘及格’了。”

她没说我什么“及格”了，我也没有追问，而是问了另外一件事。

“村内老师为什么来我们学校？”

她只说了句“这个嘛……”就没往下说了。而我一边自言自语地说：“不可能，不可能，”一边问她，“难道，他是专门为我来的？”

她笑了。那笑容好像是在说“你想得太多了”，又好像是在说“到底还是被你识破了”。

“村内老师，是个特别的老师呢。”

"……他会告诉我们什么是重要的事?"

"他在很多学校当过老师。"

"是咱们学校请他来的吗?"

"那个老师不能流利地说话。可是,就因为他说话不流利,所以只说重要的话。"

答非所问。不过,不可思议的是,我竟然完全同意森老太太的回答。

"这就对了,"森老太太点点头笑着说,"你笑起来很好看呢,你呀,以后上了高中,跟老师说话的时候,也要这么笑着说哦。平时你总是绷着脸,好像人家都欠你什么似的。"又来了,又开始说教了。

说不定有一天,我会想念森老太太呢。虽然现在我还说不清楚,什么时候自己才会有这种感觉,但是要是真有那一天,那该多好啊。——我一边想着,一边把成绩报告放进了书包里。

5

十点整,我到了车站。村内老师已经买好了两张票,站在检票口处等着我了。

"你要带我去哪儿?"

"去了你就知道了。"

嗯?搞什么嘛。我不满地嘟哝着,不过,有种预感。

老师读了"星鳗"那篇作文,应该也知道古川崩溃的事,而且,星期二还提到了"杀人凶手"的事。

所以,说不定——。

电车向郊外驶去,老师在看书,是一个叫草野心平(我只是听说过这个人的名字)的人写的诗集。大概他反复地读过好几遍了吧,书皮已经退色,有些破旧了。

“有意思吗？这个人写的诗。”

我问他。他一本正经地想了一会儿，说：“嗯……我觉得挺有意思的。但是，各人的看法会不同吧。”

这样啊。看来我提问的方式有问题。

“书上有没有写什么重要的事？”

老师“嗯”了一声，使劲地点了点头。

“等我考完升学考，可以借给我看看吗？”

“毕业典礼之前还给你。”我补充道。不过，老师却是一脸歉意地摇了摇头说：

“来不及了，下个星期，国语选修课，由石川老师上了。”

“……你向我们学校辞职了？”

“说辞职也可以，其实，我得去，另外一个学校了。”

老师指了指电车的窗外，笑着说：“我很忙呢。”

“……那个学校里，也有像我这样的学生吗？”

“有、有、有、有很多呢。每、每、每、每个学校，都有。”

周围的乘客用异样的目光朝我们看过来，老师好像丝毫没有察觉到那种目光，看着我，继续说：

“学校的。教室。大家，必须面向西坐。可是，总有，学生讨厌，朝西坐。每个学校，都有，每个班，也都有。”

他结巴得很厉害。不过，他只说重要的话。

“要是也能赶上就好了，在那个学校。”

老师说：“是啊。”他笑了，笑得很开心。

在快到终点的一个小站，我们下了车，换乘巴士。在“青少年活动中心”那一站下了车，我们的眼前是一个三层楼的活动中心的大门。

“是这儿吗？”

“嗯……那边，看见了吗？”

老师一边往里走，一边指着大楼的一层。隔着窗户，可以看见房间里面的情况。有几个小学生,还有几个初中生、高中生模样的人。

门口写着各楼层集会室的使用情况。一楼的集会室是——语言会・青少年组。

老师熟练地换上拖鞋,走进了大楼。我也赶忙跟在后面。

"语言会,是什么?"

"像我这样的……我这种病叫口吃,另外,还有,因为下、下、下、下巴异常,说话,不、不、不清楚的,还有,心、心、心理原因等等,说话,不顺畅的人的,集会。"

今天,是小学生的联欢会。参加的人有志愿者,还有初中生和高中生会员。大家一起做游戏,唱歌,吃点心,一直玩儿到傍晚。"

我们走到集会室门口。老师透过门上的小窗户朝里面张望了一下,说:"古川同学,也在。"

"……为什么?"

"你不知道吗?古川同学,和我一样,都不能,流利地说话。"

老师说话的语气很轻松,而且还开玩笑地补充了一句:"当然,她可没我这么夸张。"所以,我一下子竟没反应上来这句话的分量。

她不爱说话。打招呼的声音也很小。被老师叫到回答问题也只会说:"我不会"……总是独来独往,孤零零地坐在教室里。

她不能顺畅地说话,但是她却会唱歌。杀——人——凶——手,杀——人——凶——手,她唱的是世界上最悲凉的歌。

最后,她说了,很流畅地说:"总有一天,你们会成为杀人凶手的。"

老师沉默着,把门口的位置让给我。虽然我现在很想马上逃走,可我还是屏住呼吸,偷偷地朝房间里看了看。

古川在里面。

她正和一个小学生模样的女孩子在玩。预、预、预备,开始!她们笑着,唱着。她的头发留长了,神态也好像成熟了一些。

现在,她又重读二年级了。退了学之后,她暂时、转入了一所、公立高中。不过、没多久、她就住院了。因为这个、缺席、次数太多、所以、没能、升到三年级。可是、她很努力。每天、开开心心地、去上学。她跟你一样、都是、面向西面坐的。

"要把门打开吗?"老师问我。

我摇了摇头。对不起，现在还不行。对不起，我往后退着。我还不能见她。就算我想道歉，可是，现在还不行。我不是想逃避——不过，我这已经是在逃避了。

我低下了头，朝着门口，深深地。

我感觉到老师点了点头。感觉到他微笑着看着我。可是，我很怕，我没有勇气抬头看老师的脸。

“篠泽，其实、不能顺畅地说话、是很痛苦的。自己想说的话、如果无法告诉别人、自己就会变得很孤单。就算不结巴、如果不把、自己的想法、说出来，那、人家也不会明白的。无论是谁。孩子们、其实都挺孤单的。

“不过呢，我觉得，两个孤单的人、在一起、那不是、就不孤单了吗？

“我就是、想成为、孤单的人、身边的、那另一个、孤单的人，所以，我选择、当老师。”

他拍了拍我的肩膀。

“篠泽，你也不是孤单的一个人。”老师笑了，“不是孤单的一个人，也不是挤在一起的星鳗。”

对吧？要是这样就好了。我又一次从门上的小窗户往房间里看。古川好像在跟那个小女生说什么。我听不见她们说话的声音，但是从她们的表情上，我看得出来，她们的言谈中充满了温情。

“……老师。”

“嗯？”

“考完试，我还能来这儿吗？还能见到古川吗？”

“这个嘛，你、你、你要是、来的话，这里、杂、杂、杂、杂七杂八的、琐碎的工作，多、多、多得很，都、都、都让你干。”

老师剧烈地结巴着，我听得都快哭了。不过，老师却笑了，而且笑得非常开心。

所以，我已经不是孤单的一个人了。因为我不是孤单的一个人，所以我可以一个人面对公立高中的入学考试。

一个寒冷的清晨。不过，天空很蓝，很高。我们学校在公立高中统考的日子里也像平时一样上着课。大家都面向西面坐着，沐浴着从左侧照射进来的阳光。我的空荡荡的座位上，也有阳光照射着吧。有时，太阳正好会照在停留在窗户上的露珠上，于是，我的桌面上就会出现一道小小的彩虹。今天如果也能这样，该多好啊。

站在中考考场的学校正门前，我深深地吸了一口气。从正门到教学楼，正好要穿过整个操场。

是从南向北。前进的方向是北——不是NO，而是NEW的N。

我把准考证给负责接待的老师看了以后，就走进了正门。我一边往教学楼的方向走去，一边从口袋里掏出了指南针。我停下脚步，把它放在手心里，指针正好指向了N。

好！我点点头，紧紧攥住指南针，继续往前走去。

布谷鸟的鸟蛋

1

只要听上楼梯的脚步声，就能知道我当天的心情怎么样——智惠子说。

这是一个有着三十年房龄的陈旧的公寓。上了楼房外的铁质楼梯，第一间就是我们租的房子。我上班的工厂作息时间是三班倒，每逢我上早班的那天，下班到家的时间都正好是智惠子做晚饭的时候。我们家的厨房很小，只能放下一个双灶头的煤气灶。厨房和玄关是连在一起的，外面就是走廊。智惠子总是说，每次她一边做饭，一边心里想着，差不多了吧，该到家了吧……这时候就准能听见我上楼的脚步声——如果没有紧挨着房屋后面火车路过声音的干扰，就一定能听得清清楚楚。

“今天碰到什么好事情了？”

我一进玄关，她就问我。她说，我今天上楼的脚步声特别轻快。

完全正确。我来不及把脚上的鞋脱下来，就迫不及待地说：

“说起来真让人不敢相信，不过真的是真的。”

“什么啊，没头没脑的。”

“我碰见他了，不对，应该说，我看见他了，真够巧的。”

“看见谁了？”

对啊，连这个都忘了说了。我实在是太兴奋了。脱了鞋进了房间，我打开冰箱拿出茶水咕嘟咕嘟地猛喝了几口，这才缓过一口气来。我把工作服的扣子解开，解下挂在裤子皮带上的毛巾，擦了擦脖子上的汗，这才发现，我的心还是在怦怦地跳个不停。这应该不完全是因为刚才自行车骑得太快了的缘故。

“我碰到初中时候的老师了。以前我跟你也说过的，就是那个村内、村内。”

开始智惠子还没反应过来，当听到我第二次说“村内”时，才想起来。

“真不敢相信。真的……不过，那个人，肯定是村内。”

我拿着那瓶茶水，走进里面的一个房间——这套房子有两间六个榻榻米大的房间，我们把其中一个用来作客厅。智惠子说她很想要一张沙发，所以尽管房间很小，可我们还是在里面放了一张从二手店里淘回来的沙发。我仰天躺在上面，嘴里还在念叨："真不敢相信，真的……"

村内老师坐在公交车上。当时我正在国道的辅道上骑着自行车回家。公共汽车进站停下了，于是我超过了它。就在这时，我无意中往车里看了一眼，于是，在下班时间拥挤的车厢里，我看见了一个似曾相识的人。那人抓着吊环，站在那儿，面朝着我这边。不过他好像没看见我，我一下子也没想起来他是谁。

是村内——我想起来的时候，公交车已经开走了。我急忙使劲踩着自行车想追上去，可到底没追上。而且，公交车在下面一站也没停。我只好眼睁睁地看着它消失在我的视野中。

可是，我绝对没看错。那个人肯定是村内。虽然刚才我只看到他一眼，但他的样子随着时间的流逝，反而在我的脑海里浮现得更清晰了。

没错，村内就是那样一个小老头。他总是穿着土里土气的西装，呆头呆脑的样子，头发稀少，肚子微微有些凸出……

智惠子也走进房间，一屁股坐在沙发前面的地上。

"你们，说话了吗？"

"没说成。我想他可能也认不出来我了……真没想到，还能见到他……"

我不由得笑了。背上觉得有些痒丝丝的。

"那个老师，是你的恩人吧？"

"嗯，是啊……，不对，他是老师嘛，应该说是我的恩师，对，是恩师。"

"阿铁，你真聪明。"

"是你太无知了。"

"嗯，我脑子是笨嘛。"

"你呀，你不是笨……好了好了，恩人也好，恩师也好，随便啦。"

我抽了抽鼻子，闻到一股酱油烧煳的味道。

"小智，你没关煤气？"

"哎呀！糟糕！"智惠子赶紧从地上站起来，奔进厨房。

我一直都叮嘱她要小心煤气，可她老是记不住。还总说我一回来，她就高兴得把其他事情都忘了。虽然我明知她这是找借口,但心里却是有些高兴的。这个小傻瓜。

我也从沙发上坐起来,脱掉了满是汗臭和机油味的厚厚的袜子。心里还在不停地嘀咕着,村内啊村内。

这是我初中毕业后第一次见到他。现在是二月份,马上就七年了。我二十二了。考进大学的初中同学们今年四月开始也该走上社会了。我们已经不再是当年的淘气鬼了。我比同龄人早一步甚至是早两步踏上了社会。但是,我是迫不得已。当年,就是村内老师让我明白,早踏入社会,既不是伤心的事,也不是什么值得难过的事。

今天的晚饭有炸猪排和牛肉罐头,还有土豆烧肉。酱汤也是肉汤。而且一大碗白米饭上,还有一个煎鸡蛋。讨厌吃蔬菜的智惠子,几乎不做蔬菜色拉。就算我在便利店买回来两盒蔬菜色拉,智惠子那份最终还是会变成我第二天的早餐。

整天计算食物卡路里和营养成分的家伙们看到我们的饭菜,一定会目瞪口呆吧。尝一口味道,也肯定会大吃一惊的。在浇酱汁之前,炸猪排外面裹着的那层面粉被炸得黑乎乎的,可里面的猪肉却还没完全熟透。土豆烧肉里的土豆也不够酥烂。这些菜里,最像样的就只有牛肉罐头了。我实在无话可说,只好苦笑了。

不过,这种无奈的苦笑对我来说,却是一种幸福。我觉得和智惠子一起吃的饭菜,是世界上最美味的食物。就算都是便利店买来的熟食,也无所谓。只要智惠子在我身边,笑着,不停地说“饭还有呢”,“不够我再帮你添”,有这些,我就心满意足了。

在遇到智惠子之前,我一直都是一个人吃饭的。在遇到我之前,智惠子也是这样。所以只要我在家吃饭,智惠子都会做我爱吃的菜。

工厂是做五休二,三班倒——每个星期从星期一到星期五上班,一个星期“晚班”,一个星期“中班”,一个星期“早班”。晚班是晚上十一点上到早上七点,中班是下午三点上到晚上十一点,早班是早上七点到下午三点。上中班的话,是不能在家吃晚饭的。而上晚班的话,也不能定定心心地吃菜喝酒。就算该我上早班,如果有中班或者晚班的同事请假,我就得替他们上班,所以一个月只有一半时间能和智惠子一起安安稳稳地吃顿晚饭。

今天是星期五，下个星期就该我上中班，因此又有一段时间不能在家吃晚饭了。这么宝贵的一天让我遇到了这么开心的事，所以今天我的心情非常好。

“真没想到，能碰见村内……不对，应该说，真没想到，他会在这附近出现……”

我一个人反复唠叨着，平时只喝一罐果汁酒的我，今天破例喝了两罐。

“我也想喝点儿。”智惠子平时不怎么喝的，今天却有些反常。

“村内老师，住在这附近吗？”

“我觉得不是。那辆公交车是开往电车站的，所以我想他肯定是下了班坐车回家呢。”

“阿铁，你真聪明。”

不管我说什么，她都会说我聪明。她还有一个口头禅“我脑子是笨嘛”——其实，并不是这样。智惠子是在“笨蛋”的骂声中长大的。她今年已经二十岁了，可是半夜里经常还会做噩梦。在睡梦中小声地念叨着：“外婆，对不起，对不起，外婆。原谅我吧。”有时候，就算睡熟着，闭着眼睛，眼泪也会流出来，挂在面颊上。

“说不定，那辆公交车经过哪个中学呢。而村内，没准儿现在就在那儿当老师呢。”

“啊，那就是说他一直都走那条路上班啦？”

我跟智惠子说过好几次村内老师了，可是她总是忘记。什么都会忘。虽然不是什么病，但她的记忆力真的很差。

我也曾经带智惠子去医院找医生咨询过。医生说，如果她记忆力不是那么差，如果她不能那么快忘记外婆的咒骂，她恐怕早就痛苦得死掉了。

“不是的。”我笑着说。

我不是笑，就是发脾气，不然就活不下去——我从小就是这样。

“村内和别的老师不一样，他是代课的，或者说，是学校临时聘请的……只工作一段时间，然后就会调到别的学校去了。”

“为什么？”

“因为，村内，他是个很特别的老师。”

“什么地方特别？”

“他是国语老师，但是上课却总是马马虎虎的。”

其实,他讲课我都听不懂。想着想着,我又笑了。

“那个老师,不能流利地说话。那种病,应该是叫口吃吧。就是说话总是结巴……”

我我我我叫,村村村村内。“讨厌!”看着我学老师说话的样子,智惠子笑着嗔怪我。

“那样也能当老师吗?”

“能啊。虽然他说话不流利,但却是个好老师呢。他总说,有比上课更重要的工作要做。”

“什么工作?”

我脑子里浮现出几个词。

可是,当我想起老师亲自教我的那句话后,就决定用它。

“在身边。村内老师说,在身边,就是他的工作。”

“在谁的身边?”

智惠子歪着脑袋,一副百思不得其解的样子。每次碰到不懂的事,她都是这个表情。更何况,别说高中了,连初中都没好好上过的智惠子,不懂的事情实在太多了。

我喝光了果汁酒,轻轻地压扁了罐子。智惠子把她的那罐放在我面前,笑着说:“我有点儿醉了,你喝吧。”其实,我早就知道了。她就是怕我不肯喝第三罐,才说要陪我喝的。

“Thank you.”

我拿过酒,然后揉了揉智惠子的头发。她最喜欢我像宠爱小孩子一样宠爱她。

“对了,给你看样好东西。”

我走进卧室,从壁橱里拿出一个纸盒子,里面放的全是我初中时候的课本啦年历卡什么的,还有照片。是在毕业典礼那天让别人给我和村内老师拍的合影。“你看,就是这张。”我拿给智惠子看。照片上,我穿着西装式样的校服,手里拿着装有毕业证书的竹筒,头发染成了红色,眼神阴郁。这就是十五岁时候的我。我觉得,那时我的眼神挺“可怕”的,周围的人也都这么认为。所以我很喜欢瞪着眼睛威吓他们。可是,现在不一样了。二十二岁的我,觉得十五岁时候的我的眼里,透着一种“寂寞”。

“这个人就是村内老师?”

“嗯……是村内。”

“你怎么能直接叫老师的名字呢!”

我笑笑,又重新看着照片上的村内老师。和我并肩站着的老师,也许是有点儿紧张吧,他的笑容看上去有些僵硬。

可是,我记得毕业典礼结束以后,老师在体育馆外面迎接我,当时他笑得好开心。“太好了,太好了,恭喜你,终于毕业了。”他对我说。其他同学们都是和打扮得光鲜亮丽的父母家人合影留念,只有我是和穿着普通衣服的老师一起拍照。

“像这样,站在身边,这就是村内老师的工作。”

“在大家身边?”

“不是,是站在像我们这种学生身边。站在我,还有你这样的人身边。”

“为什么?”

“因为,我们很孤独。”

村内老师说我是“布谷鸟的鸟蛋”。如果他也在智惠子的学校当老师的话,也一定会这么说智惠子的。

布谷鸟不会自己孵蛋。它们是巢寄生——这个词也是老师教我的。布谷鸟妈妈把自己的蛋产在伯劳鸟呀,黄道眉呀,大苇莺这些鸟的鸟巢里,然后就飞走了。于是,布谷鸟的鸟蛋就由这些和自己毫无关系的伯劳鸟、黄道眉、大苇莺来孵化、抚养。

我和智惠子,都是布谷鸟的鸟蛋。

我们两个人都是在没有父爱母爱的环境下长大的。

2

第二天是星期六。我和智惠子一起坐公交车,想去弄清楚这件事。离我看见村内老师那个车站一站路远的地方，有一个中学。因为那个学校并不是面向辅道的，所以我一直都没有留意到。学校离我家很近，说不定我们家那一块儿也是属于这个学区的。

也许是为了让参加课后社团活动的学生们进出，所以校门虽然是关着的，但是旁边的侧门却没上锁。

“怎么样？进去看看吗？”

“嗯……”

“我自从初中毕业以后，就再也没踏进过学校的校门。”

“我也是。”

当然，这不是我的母校，也不是智惠子的。可是，当我们踏进去的时候，智惠子说：“我怎么觉得我好像来过这儿。”

我也有同感。可是，我并没有觉得亲切。智惠子也没再说什么。

“小智。”

我们手牵着手从校门往教学楼那边走。我说：

“读初中的时候，除了你以外，你们学校还有没有像你这样的学生？”

“我这样的？什么意思？”

“在精神上和身体上被父母虐待的。”

“……没了。”

我们学校也是。别的同学都有爸爸妈妈。就算不是父母双全，也总有一个在身边疼爱自己。只有我，经常被父母拳打脚踢。

“小智，你和我，都是和别人不一样的。我们是特殊的，例外的，不一般的。”

“嗯……”

“说白了，就是不幸。”

“悲剧？”

“对，对，就是悲剧。你和我，都是。”

我一直都是这么想的。那时候是，现在也是，从来没有变过。学校是属于那些幸福的孩子们的地方。我说的幸福，并不是有钱，也不是聪明，也不是长得帅，而是能做最平凡的事，能拥有最平凡的东西——学校，是为那些人而存在的。连最平凡的事也不能做，连最平凡的东西都不能拥有的我们，是特别的，特殊的，例外的,不幸的,悲剧的,让人伤脑筋的。

这个中学里也一定有像我们这样的学生。所以,村内老师才到这儿来的。

我们看见教学楼的出入口了。

“阿铁,咱们到办公室去问问,村内老师在不在这儿,不就行了?”

是啊。我点点头。这时,教学楼的二楼的某个窗户突然开了。

“喂!外人不许进来!”

一个中年男人突然对我们吼着。

他的叫喊声触怒了我,于是,我狠狠地瞪着他。他好像稍微畏缩了一下,不过紧接着用更恼怒的声音叫道:“你们有没有得到允许!?没有的话,我叫保安了!”

“……校门,没锁,所以……”

“没锁就能随便进来了!?那和小偷有什么区别?一点儿常识都没有!”

我气极了。这个混蛋!从二楼骂人算什么本事!我真想冲进教学楼,把这家伙从楼上拽下来。

可是,智惠子拉住了我。“阿铁,那个人是老师,老师发脾气了,咱们还是回去吧。”她声音颤抖,带着哭腔,还反复地说着,“他发脾气了,他发脾气了。”

智惠子最怕男人发脾气时候的怒吼声。哪怕是远远听见醉酒男人的怒骂声,都会马上把身体蜷缩起来,脸上的表情也变得很僵硬。更何况,这个男人的怒骂声离我们这么近。

我又一次瞪着二楼。“作为一个老师,只会骂人,算什么本事!?”——明知他听不见,我还是狠狠地啐了一口,转过身,背对着教学楼。

“……回去吧。”

我紧紧握着智惠子的手往回走。也许,她觉得光是握着手,还是没有安全感,于是,她抱住我的胳膊,细声细气地说:“讨厌,我讨厌学校。”

我也讨厌。最讨厌学校。的确,我们是不该随便进去,这个我知道。可我还是很不甘心。

不过,就算不是那个老师,无论谁看见我们在校园里,都会吃惊吧。也许还会偷偷地报警呢。刚才我们只是被骂了几句,说明那个老师还算客气的。

在这个世界上,也许我们俩根本不是“正常”、“普通”吧。我们知道。可是,就因为知道，所以才可悲。

走回到学校的侧门，正好有五个男生一起从外面进来。

他们都是平凡的孩子。做着平凡的事，拥有平凡的东西，是一群平凡幸福的孩子。

他们和我对视的一瞬间，显出一丝胆怯，给我们让出一条路。不过，立刻，他们就嬉皮笑脸地斜着眼睛，看着紧紧贴着我的智惠子。那眼神中有些戏弄，有些讥讽，有些嘲笑。

“喂！你们几个。”

我叫住他们。那五个人肩膀抖动了一下，好像互相都想躲到别人身后似的，有些恐惧地回过头来。

“你们是几年级的？”

“你说。”“不要，还是你说吧。”那五个人，互相交换着眼神，互相用胳膊肘碰着，都想让别人回答。我等得不耐烦了，于是指着五个人当中看上去最老实的一个，问：“几年级？”

“……二年级。”

校服的胸襟上，别着他的名字“小山”。

“我问你，你们学校，有没有一个叫村内的老师？”

小山正想回答没有，另外几个家伙在旁边小声嘀咕道：

“就是那个人嘛。教国语的，第三学期来的，那个叫村内的。”

您果然在这儿，老师——。

我舒了一口气，心里一高兴，脸上的表情也缓和了。那五个人看见我的眼神变得柔和了，他们也放松了一些。

“就是那个村内吧？”

站在小山后面的那个家伙——他其实就是躲在小山背后，简直就是把小山当挡箭牌了。在五个人里面，他看上去最滑头，一脸坏相。

“呶，就是他嘛。总是说‘国、国、国、国语’，结结巴巴的，好像有语言障碍，该不会是从哪个弱智学校出来的吧？”

他是笑着说的。要不是这种态度，我会当什么都没听见。可是，这家伙是笑着说的。那笑容不是觉得好玩的笑，而是轻视的笑。仿佛在说，那个老师和咱们不一样，咱们能做到的事，他做不到。

我沉默着，悄悄地，慢慢地挣脱了智惠子的手——就在右手获得自由的那一瞬间，我一步逼近到这五个人面前。

我伸出了右手，一把抓住了嘲笑老师的那个男生衣服的前襟。我看到了他的姓名卡。玉井。还看到了他怯懦的歪曲的表情。我还什么都没说，可他却忙不迭地开始道歉了，"对不起，对不起，对不起……"

我没松手，还是抓着他的前襟，使劲儿把他按在校门上。"对不起，对不起……"他还是反复的在道歉。

他什么都不懂，仅仅是道歉而已。

真想揍他一顿。可是，就算揍了他，他不懂的还是不懂。

"对不起……我不该嘲笑老师，对不起……"

典型的耍小聪明的做法。我想，他的学习成绩应该不会差的。但是，我不是因为这个原因生气的。不过就算跟他说了，他肯定也不懂，还只是一味地道歉吧。

"阿铁，算了，咱们走吧。"

智惠子依偎着我。她知道我要是真发起火来，就刹不住车了，所以，像劝解孩子一样说："好了好了，咱们回去了，乖。"

于是，我什么都没说，松开了抓着他前襟的手。

玉井踉跄了两步，逃进学校里去了。剩下的四个人也逃了。

我揽着智惠子的肩膀，准备走了，听到身后有人说：

"好险啊！这家伙无缘无故找茬，真是脑子有毛病！"

是玉井的声音。他已经逃到足够远了，确信我追不上他了，才说这些话的吧。

我们走出学校的侧门。

总算舒了一口气。

可是，真正可怕的是学校外面。这点我们已经非常明白了。学校里充斥着"普通"和"正常"，从学校里毕业的这些"普通"和"正常"来到社会上，组成了现在这个世界，所以，这就成了再正常不过的事。

我调整了一下心情，继续往前走。对面过来一个骑自行车的大婶，看见我们，稍微怔了一下，然后从我们身边骑过去了。

辅道的路边有一个咖啡屋。透过玻璃窗，可以看见里面喝咖啡的客人。一个拿着马克杯正要喝咖啡的人看见了我们，连咖啡也忘了喝，愣住了。

茶色的玻璃窗上映出了抱着一个破破烂烂的绒毛玩具的智惠子。

那是一个狗熊的绒毛玩具——如果不说的话，肯定没人能看出那是一只狗熊。又旧，又脏，头都快掉了。

这只狗熊很大。已经成人的智惠子抱着它都很显眼。那就不难想象，她小时候抱着这只狗熊时候的样子了。

和我一起散步的时候，在我上班期间，她一个人去买东西的时候，她都会抱着这个狗熊，不愿意和它分开。她害怕如果把狗熊一个人留在家里，以后就再也见不到它了。

在遇到我之前，这只狗熊就是智惠子唯一的"亲人"。

我们都是在孤儿院长大的。但时间不一样。我是从小学二年级开始到升入初中——爸爸和他再婚的那个女的一起来接我，于是我的孤儿生活便到此为止。智惠子是从初中二年级开始到十八岁生日，所以算起来，我是她的学长。

我刚进小学，妈妈就抛夫弃子，离家出走了。到现在我都没再见过她，也不知道她在哪儿，在干什么。一个人拉扯我的爸爸，最终也受不了身心的煎熬，把我抛弃了。

孤儿院的名字叫"绿房子"，所以学校和附近的人们都叫我们"绿孩子"。

绿孩子们都很粗野。绿孩子们都不讲卫生。绿孩子们爱偷东西。绿孩子们虽然可怜……

那些让人伤心难过的往事多得数都数不清。

可是，我倒希望我一直都是绿孩子。爸爸把我扔在那儿，我会觉得幸福得多。

我被领回到新的家，成了一个"普通的孩子"。爸爸开始打我，也是从那时开始的。

智惠子是被她妈妈抛弃的。她不知道谁是她的爸爸，连名字都不知道。她妈妈十八岁的时候生下她，一直住在娘家，直到有一天——她妈妈卷走了娘家的几乎所有的存款，消失了。

外公外婆每天都在咒骂她的妈妈。“要是没生那个女儿就好了”、“怎么会弄成这样”，智惠子就是在他们这样的抱怨声中长大的。

小学三年级的时候，外公过世了。剩下她和外婆两个人生活。外婆还是很恨智惠子的妈妈。失去了老伴，自己也年老体衰，那种憎恨的心情也随之越来越厉害了。

可是，不管怎么恨，怎么怨，本人也不在。眼前只有一个越长跟妈妈越像的智惠子。和周围的孩子相比，智惠子反应迟钝，记性差，在班里不管男生女生都欺负她，因此，那时的智惠子总是脸上挂着笑，而眼里却总含着泪。

至于外婆对她说过什么，做过什么，智惠子都没对我说起过。她总是笑着说，我忘了。所以，我也不问她。

初中二年级的第一学期，外婆因为蜘蛛膜下出血突然去世了。没有一个亲戚肯把智惠子领回家，因此儿童咨询中心的人就把她送进了“绿房子”。

她从家里带到“绿房子”里唯一的行李，就是那只狗熊玩具。

那是她还小的时候——外公外婆虽然憎恨她的妈妈，但是当时还觉得这个外孙女很可怜，很疼爱她的时候，圣诞节买给她的礼物。因为是狗熊，所以叫它“熊宝宝”，一直叫到现在。

后来，我虽然离开了“绿房子”，但是我们之间的缘分还没断。十七岁那年的秋天，我因为伤害、恐吓、盗窃等行为受到保护观察处分，“绿房子”的园长担当起了监管我的责任。

在保护观察期间，园长要求我每天要写日记，定期拿去给他看。第一次交日记的那天，我来到“绿房子”，在狭小的庭院里，我看见一个女生抱着一个绒毛玩具。“小智，你在跟熊宝宝聊什么呢？”园长跟她打了个招呼。“我们说悄悄话呢。”那个女生扑哧地笑了一声，说。这就是我第一次见到智惠子。

每次我去交日记，园长都会邀请我跟大家一起吃晚饭。总是随身带着一把小匕首的我，当时却不可思议地温顺地跟他一起去吃饭。也许，我是想见见人，想跟人说说话吧。

慢慢地，我和智惠子也开始交谈了。还有其他几个初中生和高中生，但跟我关系最好的还是智惠子。我也不知道这是为什么。反正不是因为我们脾气合得来,也不是因为互相有好感。也许只是因为我需要她,她也需要我吧。

保护观察期结束以后,我还是会经常去"绿房子",有时候也跟智惠子偷偷在外面见面。这期间,我也换过几个工作,后来终于在现在这个工厂稳定下来。经常想起村内老师,也是从那时开始的。

到了十八岁,就不能继续住在"绿房子"里了。智惠子初中毕业后,也上过职业培训学校,可是不管让她干什么,她都笨手笨脚的,记性又差,而且那个大大的绒毛玩具从来不离身,因此她找不到工作。

园长跟我说,他打算破例为智惠子办一个手续,让她可以住到二十岁。而这两年期间,让她接受心理辅导和治疗。

不行——。

我听了这话,生气极了。好久没生过这么大的气了。我知道要让政府机关同意这个特例要费多大的劲儿,也知道如果接受心理辅导治疗肯定是园长自掏腰包。虽然我很感谢园长的好意,但是,我还是接受不了他用了"治疗"这个词。

智惠子根本没病。她只是做不了一般人能做到的事而已,只是做了和普通人不一样的事而已,这难道也算是病吗?她从没有得到过家庭的温暖。她没有从妈妈和外婆那里得到过一般孩子都能得到的爱。她不是像普通的孩子那样被养育大的。这种病,怎么治?治了,难道就能变"普通"了?就能变成"正常"了?如果能,那就请从她出生的时候"治"起。或者,应该从她妈妈和外婆身上"治"起。顺便给我的爸爸妈妈,还有跟爸爸再婚的那个女人也治治……

我说,我会在她身边。

我跟园长说:"我会一直在她身边,所以,让她按规定,十八岁就搬出孤儿院吧。"

当时我想:啊,我说的话跟村内以前说过的一样——。

村内也说过,他会在我身边——

我把村内看作是"恩师",也是从那天,从那一瞬间开始的。

3

星期一早上，我和上白班一样时间出门。

平时轮到上中班的那个星期，我都是过了中午才出门的。不过今天我要去等村内老师，所以我必须比他上班时间早到。

“要是能碰见老师就好了哦。”智惠子睡眼惺忪地说。

本来她是不用这么早起的，但看见我起来了，她也起来了。

“嗯……不过，我想，他不是每天都去学校的，所以不知道今天能不能见到他。”

“你每天都去等的话，总有一天会见到的。”

“是啊。”我笑着说。

其实，我已经做好思想准备了，说不定这一个星期都会扑空。我也不知道老师每天几点去学校上班，如果他只是下午有课的话，那和我就刚好错开了。下个星期我开始上夜班，那白天就可以等一整天了。可是，下个星期就是三月份了。正好是学校期末考试呀，面谈呀，毕业仪式的预先演练的时间，所以，课表可能都会被打乱了。老师也可能不再在学校出现了。

无数种不好的假设在我脑中铺展开，可是，我尽量让自己不去想那些。

一直等下去的话，总有一天会见到的——智惠子一定会笑着，并且毫不犹豫地这么说吧。

“路上小心。”

我出门的时候她说了一次。等我下了楼，她在二楼的走廊上冲我挥着手，又说了一次。

我也跟她挥挥手，顺便看了看我们住的这个公寓的全貌。

这是一个现在的大学生都不愿意住的陈旧的公寓。除了我们以外，住在这儿的都是一些独身的老人。租金便宜,也不用保证人啦,酬谢金什么的——而且,最重要的是,我们没有其他选择。所以自从两年前智惠子离开"绿房子"以后,我们就一直住在这儿。

我们从来都没有邀请过朋友来家里玩。其实,我们根本就没什么朋友。"绿房子"的园长和职员们都反对我和智惠子住在一起。当初我们不顾大家的反对,像逃跑一样离开了那里,而且当天就去办了结婚手续。这样一来,"绿房子"就无法再把智惠子带回去。而同样的,我们也没脸再回"绿房子"了。

可是,我希望村内老师来玩。想让他看看我们的家,也想让他见见智惠子。

老师,这就是我的"家",这个女孩儿就是我的"家人"——。

老师一定会替我高兴的。一想到老师的笑容,连我自己的心情也变得喜悦了。

如果能见到老师,我会用自己一个星期的收入,为他买一个坐垫儿。

从星期一到星期三,都扑空了。

星期四,我改变了战略。我发现在公交车站等是不明智的。也许他只是那天偶尔坐公交车呢。我想,还是在学校门口等他比较明智。

初中的校门在一个丁字路口的尽头。我不知道老师会从哪条路上来,所以就站在路口的当中——正好面对着校门,等着老师。

七点多的时候,只能见到零零星星的老师和学生走进去。到了八点多,丁字路口突然变得热闹起来。

村内老师还没来。学生们都带着怀疑的眼光看着我。还有几个老师也一副警惕的表情。

我无所谓。这儿不属于学校的范围以内。我在哪儿,干什么,都是我的自由。

八点十五分了。丁字路口人更多了。我觉得有些难为情,就把胳膊抱在胸前,低着头盯着自己的脚看。

"喂!"

我听到有人对我呵斥,于是抬起头来。原来,是星期六那天对我和智惠子呼三喝四的那个老师。他穿着西装,拿着手提包。

“你在这儿干什么呢?”

“……这儿,这儿是马路。”

我低声答着。那个老师仔细看了看我的脸,“嗯？你不就是星期六和一个女孩儿一起在我们学校里转来转去的那个人吗?”他说。语气中明显地充满了警惕和敌意。

“你到我们学校来有事吗?”

“……就是因为有事,我才来的。”

“喂,你说话什么态度?”

你也一样。我心里想。要是他再这样对我,那我也对他不客气了。

可是,不知什么时候,老师的身后的学生们围起了人墙。大家都很不安地看着我们。我想里面一定有村内老师想帮助的学生吧。如果我闹事的话,那势必会连累到村内老师。如果老师因为这个而不能在这个学校继续待下去的话,那最大的受害人,就是那些曾经像我一样的学生们。

“……对不起。”

我忍气吞声地低下了头。

“没事的话,就回去吧!”

“……我有事。”

“嗯?”

“我在等村内老师。”

“村内？我们学校……”

他好像正要说“没有这个人”,这时,又“啊、啊”地好像想起来了。他有些厌烦地点点头说:“啊,那个人啊。”那些“普通”、“正常”的家伙们,就是用这样一种态度和语气来疏远我们的。

“村内老师,今天,几点来?”

“啊?”

“我就是因为想见村内老师,所以才来的。”

我就这样把老师的名字说出来,是不是也会给他添麻烦啊。

可是,我已经没有把头发染成红色了,眼神应该也不像那时候那么阴郁了。我有正当的职业,我进了工厂,每天拼命组装汽车底盘,用挣来的钱来养活自己和智惠子。

“我在这儿能等到村内老师吗？”

“……你问我也没用，我和他教的年级和科目都不一样。”

“能帮我查查吗？”

那老师不耐烦地咂咂嘴，回头问身后的学生：“喂，你们有没有谁是村内老师的学生？”

人墙后面有个女学生说：“我们班第一节课是他的课。”

老师把脸转过来，对我说：“那他该来了。”看上去，他对我的警惕还没有放松，但是敌意减少了一些。也许是因为他知道了我是有事才到学校来的，所以把我归为了“正常”人。

我低下头，向他说“谢谢”。

“不管你有什么事，都应该让事务室或者门卫通报一声。这是应有的常识。”

“……哦。”

“你这副样子，一直站在那儿，怎么看都像可疑的人。”

我这副样子怎么了？难道就因为我穿着沾满油污的工作服吗？难道我穿西装打领带就不像可疑人物了吗？——我想说，但是忍住了。

“那就这样。”他结束了谈话，刚要走，一个学生快步走过来。

“户田老师，老师……”

是星期六被我抓住衣服前襟的玉井。

“我，上个星期，在学校被这个人打了。我是来学校参加社团活动的，突然就……”

那个被叫做户田的老师，脸色陡地变了。“喂！”他转过来面向我，满脸的敌意。

“他说的是真的吗？”

明明是在问我，而那个玉井从旁插嘴道：“真的，真的。有人可以证明。”

“我被他打了，还差点儿抢我的钱呢。我拼命逃才逃掉的。”

这家伙本来就奸诈，现在看有大人撑腰，更是狐假虎威了。

“喂，小子！他刚才说的话……是不是真的？”

“没有，我没打他。”

“恐吓他了吗?”

“没有。”

我狠狠地瞪着玉井,再一次一字一顿地说:“我没有打他,也没有恐吓他。”

可是,玉井把半个身体躲在户田的身后,尖声说:“真的。老师,他真的打我。有人能证明,你问小山就知道了。”

户田稍微点了点头,对身边的学生说:“马上到办公室去,把其他的老师们也叫来。”

等等——。

“咱们到警察局去说清楚。”

等等——。

也许户田看了我工作服上胸前的徽标,知道了我所在工厂的名字。于是,他说:“或者,是不是需要跟你们公司也联系一下?”

等等——。

“我……什么都没干过,请相信我……”

“那咱们到了警局慢慢说。”

“我不去!”

我看见几个老师从学校里跑过来。也许他们已经报警了。

“告诉我你在工厂的哪个部门,还有,你们负责人叫什么?”

“……不行,我不能说。就此停下吧……求求你们了……”

我不能被工厂解雇。我不能被警察带走。智惠子还在等我。我答应她,一直在她身边的。

我被老师们围住了。

我想跑,我拨开人群往外冲。这时——我的脚步停住了。

是村内老师。

老师还记得我。

他不可能没有察觉到校门前这种异样的气氛。不过他一看到我,脸上就浮现出一个很自然的笑容。他叫出了我的名字。

“你、你是,阿阿阿、阿、阿铁吧……”

和笑容相反，他结巴的声音显得很忙乱。不过，这就是村内老师。他还是像从前那样，不叫我的全名，而只叫我名字的最后一个字。我从来都没被父母这样叫过。

听着他亲切地叫我，又看着他的笑容，我仿佛又变回了孩子。时光穿越了老师在我身旁的初中时代，穿越了在绿房子里度过的小学时代，我变回到一个小孩子，呆呆地站在老师的面前，眼泪啪嗒啪嗒地往下掉，不停地说："我没干过，我什么都没干过……"

老师不知道发生了什么事情。也没有任何人告诉他，我和玉井之间发生了什么。

可是，老师点点头，"嗯"了一声。他说："如果你说自己没做过的话，那你肯定没做过。"

连我自己都清楚地感觉到，从眼眶里流出的泪珠变大了。

我在办公室里间的会议室里一边等第一节课下课，一边回想着刚才村内老师带我进来时候发生的事。刚才，户田和我们一起进来，他还是气势汹汹地嚷嚷着要报警啦，要给我们公司打电话啦。于是村内老师干脆利落地——不过，还是结结巴巴地对他说：

"你，会把，说自己没干坏事的学生，扭、扭送到，警、警、警察局吗？如果那样做的话，还有，什么，资格，做老师！？"

"我已经不是学生了。"我一边喝着事务室的人给我倒的茶，一边故意想逗笑老师。

"那你就是说，玉井在撒谎啦？"户田不满地质问村内老师。

村内老师听了这话，好像觉得很意外。他摇了摇头，说：

"两个人都相信，不就行了？"

户田满脸惊讶地说："喂，村内桑，你怎么当老师的？不是从上小学起，老师就教孩子们不能撒谎了吗？"

"是啊。"村内老师好像还是感到意外，他地点了点头，似乎在质问户田怎么连这么简单的事都不明白。

"村内桑，你的意思就是默许学生撒谎？"

“不是。”

“那是什么意思？”

“如果我们，不、不、不上当的话，学生又怎么会那么肆无忌惮地撒谎呢？”

这句话彻底惹怒了户田。“你这是在嘲笑我吗！？”他敲着桌子，逼问老师。

可是，老师还是气定神闲。他避开神情恐怖的户田的目光，沉稳地微笑着，说：

“孩子之所以说谎，使因为他不想变得孤零零的一个人。不说谎就会落单的孩子，才会说谎。”

户田哑口无言。村内老师接着说：

“说谎，不是因为他坏，而是一种孤独的表现。”

户田还是哑口无言。

老师不经意地看了看我，微微点点头，又把视线转回到户田身上。

“这、这、这这这、这个孩子，以前也爱撒谎。总是，说着孤独的谎话。”

村内老师提到我了。他说的话，应该是很结巴的，但不知道为什么，却无比流畅地传入我的耳朵。

“阿铁，他受过父母的虐待。可他从不对别人说。他在作文里写：‘爸爸从孤儿院把我接回来，我好高兴。爸爸再婚了，我有了新的妈妈，我很开心。每天，我都过得很幸福。’其实，每次让家长来参观上课也好，开家长会也好，他的父母从来没有来过。他总是撒谎，不是说忘了把通知条交给父母，就是说把日子搞错了。远足的那天，他自己在便利店买了个盒饭，然后装进自己的便当盒，说是他妈妈给他做的。他被爸爸打得身上青一块紫一块的，也不说实话，只说是自己不小心摔的。”

“是吧？阿铁？”老师微笑地看着我。户田也张口结舌地盯着我看，一句话也说不出来。我谁也没看，只是呆呆地看着桌子上的木纹，回想着遇到老师之前的自己。

他的情况实在太不正常了，所以老师们也都不断地追问他。可是，阿铁还是继续说谎。虽然很多谎言都被拆穿了，可他还是拼命地为自己圆谎。他不是在袒护他的父母，而是知道自己不被父母所疼爱的事一旦瞒不住，自己就会在那个瞬间变成孤单的一个人了……

户田的表情变了。他把目光从我身上移开，和我一样，盯着桌子看。

“阿铁——。”

老师加强了语气。

“我相信，现在的阿铁，就算不说谎，也不会变得孤零零的了。”

我抬起脸，老师好像知道我会这么做一样，说：“呶，护身符，你屁股上的口袋里。”

我那个系在皮带上，放在屁股口袋里的护身符露出来了。那是新年里第一次去参拜神社的时候，智惠子为我求来的。

“他身边已经有一个为他祈福的人了。所以，我想，他不会再撒谎了。万一他撒谎，那说明他很孤独，我就必须在他身边。如果他对我撒谎，那我一定会陪在他身边。

“玉井君也是一样——。”

接着，老师平静地说：

“如果他撒谎，那就说明他孤独。我就会在他身边陪着他。作为一个老师，不管发生什么事，不管什么时候，不管是什么样的学生，都不能让他孤零零一个人……”

户田没有反驳。

这时，第一节课的上课铃响了。村内老师和户田都站了起来。他们两个人同时走到门口，这时，户田往后让了一步。看上去好像是微微地给村内老师行了个礼。

我喝了一口变得温吞的茶。

铃响了。第一节课下课了。

门开了，有个人探出头来——是户田。

“今天早上那件事……那个说被你打了的学生，刚才纠正说，是差点儿被你打。钱也是，他说，如果那样下去的话，看样子有可能被你抢钱。”

户田对我的称呼方式，从“小子”变成了“你”，他并没有说玉井“撒谎”了。只是笑着说：“啊，你不是也揪住他衣服的前襟了吗？那你也有一半错，你们扯平了。”

我也笑着点了点头。看着关上的门。看来户田并不像我想象得那么坏。

可是，我觉得，他还是成不了村内老师。

4

我说他的白头发好像比以前多了。“是吗，”他歪着头，伸手捋了捋头发，说，“白头发是多了吧。头、头发，倒是少了。”

“七年了，已经。”

“是吗……已经那么久了？”

“我，今年二十二了。老师，您呢？”

他差不多有五十岁了吧。说不定不止了呢。可是老师笑了笑说：“忘了。”然后就眯起眼睛看着我。

我有些难为情，于是站了起来。隔着会议用的桌子面对面坐着的距离说近不近，说远不远，总觉得说起话来很别扭。

我一边往窗户边儿走，一边说：

“我长高了吧。初中毕业以后，我长了二十公分呢。”

第一次见到老师的时候，他比我高。我在三年级的男生里算是最矮的。可能是因为父亲后来娶的那个女人没给我吃什么有营养的东西，更有可能是心理上的原因。不过，我现在个子算中等，已经超过了老师。我想，也超过了自从初中毕业以后再也没有见过的父亲吧。

可是，老师却笑着说：“身高人人都会长。”说着，把手掌举到了脸旁边的位置。

“来，和我，比、比、比比手掌。”

“……比就比。”

我走到老师跟前，像击掌一样，我们俩的手并在了一起。

我的手比他大，也比他厚。手指论长度，论粗细，也都是我赢。论肌肉，一看就知道了，我手臂的肌肉坚硬粗糙，还有很多老茧。因为我每天都在干活。焊接的火花在我的手腕和脖子上烫出了很多水泡，金属屑也给我造成了很多小伤。焊接的刺激让我觉得头晕脑涨，稍微休息一下，就会被班长踢屁股。在被警察抓住接受保护观察之前，我一个晚上就能弄到手的钱，现在算上夜班补贴，我要干一个星期才能赚回来。

老师轻轻碰了碰我的手，说："这只手不错。我放心了，你现在应该很幸福了。"

这么近距离地被他一说，我感到特别难为情。

"工资很低的，都快活不下去了。"

我任性地说着，想把手抽回来，不过，却被他紧紧抓住了。

"这只手，是一只能保护人的男人的手。"

老师好像是在肯定自己的话似的，使劲点了点头，把我的手握得更紧了。

"这你也能看出来？"

"能啊。"

"……怎么看出来的？"

"我就是能看出来。"

"说的什么嘛。"我笑了。老师也笑了。他慢慢地，结结巴巴地对我说：

"你的、手掌、已经、不是用来、破坏某个东西了。而是、用来抓住、某些、重要的、东西。然后、温柔地、呵护它。"

"你长大了。"老师说，"你已经、长大、成人了。"

就是这个距离。手牵着手，温暖的声音比语言更快地传到心里，从小我就渴望这个距离，我希望——有人在我身边。"身边"就是可以牵到手的距离，就是温暖的声音可以传递到的距离。

我希望有人在我身边。可是，一直都没有。我的身边，只有一个不但没有牵过我的手，反而拿烟头烫我的父亲，和一个总是嫌我碍事，咒我死的后妈。

直到初中三年级的时候，老师第一次站在了我的身边。

而且，现在，还有了智惠子。

"老师……"

“怎么了?”

“老师……我,很幸福。现在,特别幸福……”

“都是大人了,还这么爱哭鼻子啊。”老师放开了我的手。我用刚才老师的手指触碰过的手背擦了擦眼泪,又往窗前走去。

老师还是坐在椅子上,什么都没说。难得有以前教过的学生来看他,他应该多问问我的情况吧,或者多说说自己的事情吧……可是,他什么都不做,只是,在我的身边。

“老师,您一点儿都没变哦。和以前一样。”

“是吗?”

“嗯,一模一样。总是沉默着。”

“……我说话说不好嘛。”

“您只说重要的话。老师,您说的话,全部都是最最重要的话吧。”

老师低下头,有些不好意思地笑了。

“你这小子,连这种话都会说了,真成了大人了……”

老师的脸红到耳朵根了。

七年前的老师,真的很少说话。我也是。

那个时候,我以为自己是故意不开口的,不过现在回过头想想,和不能流利说话的老师一样,我也是因为不能和别人顺利地交流,所以才不说话的吧。

我把头发染成红色。眉毛刮得细细的。虽然我个子小,但是让人觉得我是个天不怕地不怕的家伙,不敢惹我。同班同学就不用说了,就算比我高一级的家伙们叫我名字的时候,也会加上一个“君”字。说话的态度和语气也都毕恭毕敬的。

“松本君,您厉害。我们大家都害怕您。您生气时候的眼神,简直像野兽一样。饶了我们吧,松本君。我们没您那么玩儿命,我们没志气,对不起,我们是没出息,松本君,您还是一个人去吧。”

当时,就是这样,周围的人煽动我,害怕我,疏远我,离弃我。

我总是撒谎。打架的时候,干坏事的时候,我心里其实很害怕。我敢做别人不敢做的事,理由只有一个——因为我就算死了,就算被人杀了,父母都不会伤心的。在初二快上完的时候，我第一次对打我的爸爸还手了。还用餐椅砸他后来娶的那个女人。那个女的肋骨裂了，说如果她再在这个家待下去，会没命的，所以她跑了。磕掉了两颗门牙的父亲，追了出去，就这样，在我眼前消失了。从那以后，我的家就再没有父母了。不久，我家就成了高中生们和无所事事的小混混们的窝。谁有钱就花谁的钱，大家都没钱的时候，就到大街上去弄钱。

初中的老师好像也隐约知道我家没大人了，可是没人管我。其实，是我不让他们管的。曾经有一次，生活指导部的老师突然要检查我的书包，我抄起装着铁板的书包就砸在他头上，弄得他半个月脸上都是青一块儿紫一块儿的。从那以后，他连看都不敢看我一眼了。

他要是报警就好了。我希望他报警。我其实很怕。怕得不得了。到了三年级的第二学期，我周围的哥们换了一批人。以前那些“正常”、“普通”人中的所谓的坏家伙们，都开始怕我，不敢再跟着我了。一批眼神更阴郁，更狠毒的家伙们围聚在我周围。我很怕。但是，我继续说谎。我说，我根本不怕，没什么好怕的。为了让这些谎言像真的一样，我装得很强横，其实，我心里很怕。正像村内老师说的，我不想变成孤零零一个人，所以我才撒谎的。我最怕的就是孤独。可是，我再怎么撒谎，孤独却还是离我很近。

到了第三学期，村内老师来我们学校了。

马上就要毕业考试了，可是他的国语课却上得很随便。对根本没打算上高中的我来说，那就更无所谓了。可是，如果老是逃学，出勤日不够的话，就不能毕业了。没办法，我只能每天很不情愿地去学校，很不情愿地进教室，很不情愿地像个木头一样坐在座位上。

老师问我：

“松本君，有没有人不叫你的姓，只叫你的名？”

搞什么嘛，这个家伙——我心里想。

“是不是上了中学以后，就没人叫了？”

虽然老师的话让我觉得莫名其妙，但是的确如此。在“绿房子”的时候，大家都叫我“阿铁”，可是，被父亲接回家后，他连“臭小子”都懒得叫我。

“我会叫你‘阿铁’，从、从、从今天开始。”

“啊？”

“人啊，在成年之前，一定要多被别人叫名字。而这样叫你的人，也必须在你的身边。”

“你是说……家里人？”

“家家家、家、家人当然算。还有恋恋恋、恋人也算。还有，随便谁都好，只、只、只要是你、你、你身边的人，都算。如果，你身边，没、没、没这样的人，那、那就让我来这样叫你吧。”

“……关你什么事！你又不是我什么人。”

“我是，你你你、你的老师。你、你是，我的学生。”

老师结巴得非常厉害，我听着都觉得难受。他好像碰到浊音“ka”行、“ta”行的假名，就会结巴。

所以，老师叫我“阿铁”的时候，就叫成了“阿，铁铁铁”。

“你叫我松本就行。”

我不愿意他把我的名字叫成那样。叫我“松本”的话，他大概不会那么结巴吧。

可是，老师说：“不、不、不行。我要叫你阿，铁铁铁。”

他还说，要把以前别人没叫我的那些，都补回来。因为，我会比其他同学都早进入社会，早成为大人。所以，他要在我成为大人之前，尽量多地叫我“阿铁”，而且，还会一直在我身边。

“为什么？”

“不叫姓，只叫名字的话，你就不会觉得孤独了，因为，你知道，有人在你身边……”

我沉默着低下了头。我发现，这个老师已经完全了解了我家的情况。

老师给我讲了布谷鸟的鸟蛋的故事。

我和布谷鸟的鸟蛋一样，被父母抛弃了。布谷鸟的鸟蛋是被别的鸟哺育的，同样，我也是在“绿房子”长大的。

“你毕业以后，千万不要长成一个孤单的大人哦！因为你知道孤单的滋味，现在也知道了有人在你身边的喜悦，所以，你也应该在别人的身边。”

布谷鸟的雏鸟，长大以后，也会到别的鸟巢里产卵，抛弃自己的孩子。

不过，可能也有长大后还是忘不掉自己和别的兄弟姐妹的羽毛颜色不一样而从小觉得孤单的布谷鸟。它们如果将来找到了伴侣，说不定会筑起自己的小窝。即使这个小窝再寒碜再简陋，它们都会把最宝贵的东西悄悄藏在里面吧。它们一定能体会到一边孵小鸟，一边守护着宝贵的东西的喜悦吧。

“我不是生物老师，所以我真的相信这个说法。”

“阿，铁铁，你也相信吧。”老师继续说。说着，他笑了，“啊，刚才我好像没怎么结巴。”“多说几次，多练几次，大概就不会那么结巴了吧。”他说着又笑了。就这样，他笑着，反反复复地，结结巴巴地叫着我的名字“阿铁”。

老师是临时聘请的，所以只教了我们二十几天，我们就毕业了。我和他也没说过什么特别的话。早上见面时，他有时会跟我打招呼：“嗨，阿、铁铁铁，早！”有时什么都不说，只是对我笑笑。我也含含糊糊地随便应句“嗯”或者“哦”。

可是，老师一直都在我身边。即使我们不在一起，即使看不到他，我总能感觉到他就在我身边。

然后我就改好了——要是这么说，那纯粹是一派胡言。十五岁的我，根本就不明白老师的苦心。所以，初中毕业以后，我还是继续撒谎，继续逞强，十七岁的时候，终于被警察抓了。我真是个混蛋。

自从中学毕业以后，直到遇到智惠子，没有一个人叫我“阿铁”。

第二节课的下课铃响了。后半段的时间，我们俩都很沉默。不过，我们虽然没说话，但是我并不想走出会议室，老师也没有站起来。

铃声停了，过了一会儿，余音也消失了。

老师有些抱歉地对我说：“第三节课，我、我有课。”

“我也……该上班去了。”

是吗，老师开心地笑了。

“你真的长大了，阿、铁铁铁。”

“老师，你今后可以叫我‘松本’了。”

因为，现在我已经不孤单了。而且，我身边也有一个叫我“阿铁”的人了。

“到我家来玩吧。请来看看我家，见见我老婆。”

因为我是筑了巢的布谷鸟。

“嗯，嗯。”老师非常非常开心地笑着，点了点头。

5

结业式的那天——在那个中学的工作彻底结束的那天，老师到我们家来了。

正好轮到上早班的我，好不容易盼到下午三点交班的时间。一下班，我就骑着自行车飞奔回家。虽然离老师来家的时间还早，可是我蹬着自行车的脚却无论如何也慢不下来。

我不是想在老师面前夸耀什么，也不是想从老师那儿得到什么表扬。只是，很高兴。我们家第一次有客人来访，这就足以让我兴奋了。我和智惠子将会站在玄关那里，对客人说“欢迎”，我们会把他让进屋里，让他来看看我们的生活。一想到这些，我就又紧张，又兴奋。

我把自行车停在购物中心的前面，给智惠子打了个电话。

“小智，你身体感觉怎么样？”

“嗯，没事没事，全都准备好了。”

她的声音听上去不像是病恹恹的，我一下子放心了。

两三天之前，智惠子的身体有些不舒服。浑身无力，发烧。她自己开玩笑说是因为老师要来，所以有些紧张。而我却很担心。不过前天开始逐渐恢复了，刚才听她的声音，今天也应该没问题吧。

“还需要什么？我买回去。”

“不用了，全都齐了。”

“啤酒放冰箱了吗？”

“昨晚不是你放的吗？”

“开红酒的开瓶器借来了没有？”

“昨天就借好了。”

“……嗯……还有……”

“你只要小心骑车，平安回来就行了。拜拜。”

她笑着挂断了我的电话。也许，是我太紧张了。

今天的菜单我特意全让智惠子负责。我想让老师也尝尝智惠子做的那些完全不考虑营养搭配，只考虑我的喜好的菜。

即使这样，我觉得还是应该有些新鲜蔬菜，于是顺便去了一家便利店。

我在摆放熟食的架子上挑了两盒蔬菜色拉。偶尔瞅了一眼放杂志的角落，看见玉井和小山正在那儿站着看书。我就站在那儿看了他们一会儿，只见他俩一边翻着手里的漫画，一边闲聊。虽然我听不见他们说的什么，但是从表情和动作中，能看出来玉井是个很自以为是的家伙。我想起来那天玉井让小山作证人的事。大概玉井觉得小山够老实，好说话吧。

我曾经也是这样。希望自己身边能有几个听话的家伙。因为他们好说话，能迁就我，会拍马屁，还会做出夸张的神情来讨好我。身边有这些人在，就让我能暂时忘记自己说过的谎话。的确当时是有几个人整天围着我转，不过，最后他们还是离开我了。

玉井总有一天也会失去这些跟他一起撒谎，被他呼来喝去的人吧。到时候，他也会感到孤单吧。在那一天到来之前，他能碰到一个守在他身边的人吗？

村内老师明白，玉井脸上的那种奸诈正说明他是寂寞的。那天，村内老师说过，“就相信他的谎话吧”——如果户田老师把这些话转告玉井，那应该还来得及吧。

我没有跟他们打招呼，走向收银台，尽量不让他们看见我。村内老师在他们俩的记忆里，留下的是什么印象呢？他们会不会记得老师说的话呢？如果你们能感觉到，老师只说重要的话，那也能算上是我半个兄弟了——想着想着，我一个人不由得笑了。

傍晚五点，老师准时来了。他带了蛋糕来。和智惠子是初次见面，看得出他很紧张，甚至说话的措辞语气都用上了敬语。

“老师，喝吧。干杯！”

桌子上摆着形状不一的饺子，煎得发黑的汉堡肉饼和没淘干净沙子的酒蒸蛤蜊。

“老师，您尝尝，味道还不错呢。”

智惠子只是抿了一口用来干杯的啤酒，就改喝茶了。

“怎么搞的嘛。小智，难得老师来，你也喝点儿嘛。”

“不了，不了。”智惠子笑着，抚摸着抱在胸前的熊宝宝。轻轻地对它说，“宝贝，今天开始，咱们不能喝酒了哦。”

“老师，这女孩，离不了熊宝宝呢。是个怪人吧？可是，老师，您肯定明白的，我和这个女孩，都是孤零零地长大的。”

咦？我觉得有些奇怪。今天智惠子抱熊宝宝的样子和平时不太一样。比平时多了几分温柔，而且手势更有几分怜爱。

“阿铁，再多吃点儿吧。老师您也还没吃饱吧？”

“还要给我们添饭吗？”

“不是添饭，还有一个菜呢。”

智惠子有些调皮地笑着，从冰箱里拿出了一盘蔬菜色拉。“当当当当，”她得意地把菜放在餐桌当中。

“这个，是你做的？”

“嗯。我从今天开始吃色拉了。虽然我不喜欢蔬菜，但也要多吃点儿。你以后不用在便利店买蔬菜色拉了。我会做的。”

“……为什么？”

“阿铁，你很喜欢村内老师吧？”

“嗯……这和色拉有什么关系？”

“我也喜欢阿铁喜欢的村内老师，特别喜欢。”

听了这话，老师的脸都红到耳朵根了。

“如果喜欢的人高兴，那我们也会高兴吧？”

“你说的什么呀？莫名其妙的。”

智惠子没理会我的话，只是对着老师说：“老师，您一定要替我们高兴哦！”说完，她慢慢地、慢慢地用两只手轻轻抚摸着自己的肚子。

“预产期，是十一月。”

她笑着说。

瞬间，房间里的空气凝固了。时间也静止了。我看着智惠子。她也慢慢地眨着眼睛看着我。我发不出声，说不出话。喉咙深处好像被什么东西堵住了，心脏剧烈地跳动着。我透不过气来，膝盖微微颤抖着。智惠子比我平静。她微笑着，抚摸着肚子，看着我点点头。

"……我……小智……"

好不容易，我才说出话来。耳朵嗡嗡作响，我觉得自己的声音很远。

智惠子再一次使劲地点了点头。

"爸爸和妈妈。"

她指指我，又指指自己。然后两只手抱着肚子，说："小宝宝。"她的笑容在这里停止了，泪水滚出了眼眶。

老师，对不起。当着客人的面，实在有些不好意思。不过我们还是抱在一起，哭了。就要为人父母的我们，像两个小孩子一样，哭得停不下来。

我要做爸爸了——。

智惠子要做妈妈了——。

曾经是布谷鸟的鸟蛋的我们，要在自己筑起的小窝里放进一个最最宝贝的东西。我们要创造一个新的生命，要有一个新的家庭了。到了秋天快结束的时候，我们的手心里，就会捧着一个小宝宝了。

过了一会儿，我听到我们的哭声中夹杂着老师"万岁、万岁、万岁"的声音。他的声音不大，音调也不高，好像是咬着嘴唇说的。他的两只手也没有高高举起，而是握得紧紧的，放在盘着腿的膝盖上。

"万岁、万岁……万岁……"

虽然"万"字是浊音，但老师却没有结巴。也许是因为说得慢，也许，是因为他是一边哭一边说的。

到了公交车站，老师突然对我说了声"谢谢"。然后又说了句："还有……恭喜你！"

我低着头，嘿嘿地笑了。在家里喝酒的时候还没什么感觉，可走着走着，我竟有些难为情起来。

晚上七点。这个时间段，公交车还比较多。等会儿车来了，老师上了车，我目送他走，然后，我们可能就再也见不着了。

老师没有告诉我他的地址。就算我和智惠子怎么央求，他也只是说，以后如果有缘的话，还会再见的。然后，就只是笑笑。

我们问他有没有结婚，有没有孩子，都被他岔开了。关于他自己的事，他什么都没说。只是教会了我们最重要的事。这不就行了？他笑着说："虽然你不知道我现在在哪儿，在干什么，但你知道我挺好的，这就足够了吧。"

公交车站的站牌上显示出"汽车已从前一站出发"的字样。

"老师，车已经开过来了。"

"啊……"

"四月份开始，您要去新的学校了吧？"

老师点点头说："是啊，孤单的孩子，太多了。就算三年级的学生毕业了，又有一年级的进来。这些一年级的学生也会毕业，然后又有新生进来……学校这个地方，是不会结束的。"

老师说，在这附近的一个初中里，有个二年级的女生，受到了同学们很严重的欺负，很孤单。老师在她身边，告诉了她最重要的事之后，就离开了。

老师从不说"我帮了他"，也不说"我救了他"。他只是会舒一口气，笑着说"我赶上了"。

"老师，到现在为止，您在多少学生身边停留过？"

"这个嘛……很多了吧。"

"他们现在都怎么样了？"

"这个，就不知道了。"

老师的回答显得有些寂寞。"大家要是都幸福地生活着，那就好了。"——他好像不是对我，而是对他自己说。

"我想是的……遇到过您的学生们，我想将来都可以成为学校的老师吧。"

"是吗？"

"我没上过高中，肯定是不行了。可是，我觉得其他人应该可以。老师您不这么想吗？"

老师歪着头，想了一会儿，喃喃地说了句"谢谢"。

"老师……"

"我，是您的学生吧。"

“嗯，是啊。”

“我，虽然成不了学校的老师，可是，我……是您的学生……”

我再也说不下去了。

车来了。门开了。我低着头。老师轻轻拍了拍我的肩膀，说：“祝你幸福。和你的太太，和你的孩子一起，幸福地生活下去！”

在我抬起头来之前，老师上了车。车门关上了。我一直都呆呆地看着老师的身影，直到车开动。

突然，我回过神来，开始跑起来。我追上了公交车，一边叫“老师，老师”，一边挥手。公交车没停，而且，越开越快了。

老师走到最后一排座位那里，面向汽车的后窗，冲我挥了挥手。是加油？还是保重？还是再见？我听不到，只能看到他张着嘴在说着什么。

可是，不一会儿，就看不清老师的身影了。汽车开走了，也只留下红色的尾灯在闪烁。

我停了下来，两只手撑在膝盖上，呜咽地喘着气。

过了一会儿，我直起腰，擦了擦汗水和泪水，转身向后走。这时，我看见智惠子站在不远处。

“阿铁，咱们回家吧。”

她笑着说。手里没有抱着她的熊宝宝。

“三个人一起回家吧。”

她抚摸着自己的肚子，笑得更深了。

“咱们回自己的家喽！”

我慢慢地朝前走。

不知道谁家在煮咖喱，那香味迎着风，飘散在我们周围。